„Ich habe kaum jemals einen erholsameren und gleichzeitig so interessanten Urlaub verbracht."

*Den Fotografen **Michael Riehle** aus München, auf nahezu allen Kontinenten unterwegs, zieht es seit jeher immer wieder in den Süden Frankreichs.*

*Seit ihrer Schulzeit ist die Hamburger Autorin **Hilke Maunder** dem Midi privat und beruflich verbunden. Sie schätzt die südfranzösische Küche, aber auch die eindrucksvolle Wildheit der Natur.*

Liebe Leserinnen, liebe Leser!

„Eine faszinierende Vielfalt" ist die spontane Antwort vieler Urlauber auf die Frage, was sie an Frankreichs Süden, an Languedoc-Roussillon, besonders begeistert. Und das ist wahrlich nicht übertrieben. Die fast 180 km lange Küste mit breiten feinsandigen Stränden, das vom Weinbau geprägte Hinterland, malerische Schluchten und die Gebirgslandschaften der Cevennen und Pyrenäen sowie das Mündungsdelta der Rhône mit seinen Salzsümpfen und der einmaligen Vogelwelt sind sehr gegensätzliche landschaftliche Highlights.

Montpellier: eine Stadt blüht auf

Und dann gibt es natürlich jede Menge Kultur zu entdecken. Die wichtigsten Ziele haben wir auf S. 7 für Sie zusammengestellt. Unbedingt einplanen bei Ihrer Reise durch Languedoc-Roussillon sollten Sie einen Aufenthalt in Montpellier. Hier gehen historisches Erbe und Moderne eine geglückte Verbindung ein. Wie keine andere Stadt in Frankreich zieht Montpellier Neubürger an, kein Wunder, wird die Hauptstadt des Languedoc-Roussillon doch von den Franzosen regelmäßig zur attraktivsten Stadt des Landes gewählt. So wächst die Boomtown weiter und wird immer mehr zum „Hotspot" moderner Architektur. 2014 wurden mit dem RBC Design Centre und dem futuristischen Sportzentrum „Le Nuage" zwei spektakuläre Bauten von Jean Nouvel eingeweiht. Derzeit noch in Bau sind gigantische „Wohntürme" von Farshid Moussavi und Sou Fujimoto. Beide sollen 2016/2017 fertig gestellt sein.

Urlaub der gemächlichen Art

Natürlich gibt es viele Möglichkeiten, die Region zu erkunden. Eine der schönsten ist die Fahrt mit dem Hausboot auf dem Canal du Midi. Unsere Autorin Hilke Maunder war mit Freunden auf dem Kanal unterwegs und schwärmte begeistert „Ich habe kaum jemals einen erholsameren und gleichzeitig so interessanten Urlaub verbracht." Übrigens empfiehlt sich der Canal du Midi bzw. die ihn begleitenden alten Treidelpfade auch für Radfahrer (s. Aktiv-Tipp, S. 87). Und wer einfach nur entspannen möchte, der probiere es einmal mit „Wellness auf dem Hausboot" (S. 115), danach sind Sie garantiert wieder fit für Unternehmungen jeglicher Art.
Herzlich

Ihre
Birgit Borowski

Birgit Borowski
Programmleiterin DuMont Bildatlas

101 Kunstfreunde sollten einen Abstecher nach Céret und den Besuch des dortigen Musée d'Art Moderne einplanen.

114 In den berühmten Markthallen von Toulouse kommen Feinschmecker voll auf ihre Kosten.

37 Ein exotischer Anblick: Die langbeinigen Flamingos gehören zu den besonderen Attraktionen in der Camargue.

Impressionen

Nîmes

Cevennen

Montpellier

UNSERE FAVORITEN

BEST OF ...

72 Einen imposanten Anblick bieten Narbonnes Kathedrale St-Just und der vielgliedrige Bischofspalast davor.

Narbonne

Perpignan

Toulouse

Anhang

DuMont Aktiv

Genießen Erleben Erfahren

Cevennen 38 – 53
Nîmes 22 – 37
Toulouse 102 – 115
Montpellier 54 – 71
Narbonne 72 – 87
Perpignan 88 – 101
1
2
3
4
5
6
7
8
9
10
11
12
13
Maßstab 1:1.600.000
0
40 km
Golfe du Lion
Limousin
Auvergne
Massif Central
Midi-Pyrénées
Languedoc
Roussillon
ESPAÑA
ANDORRA
CLERMONT-FERRAND
ST-ÉTIENNE
LYON
Brive-la-Gaillarde
Montauban
TOULOUSE
NÎMES
MONTPELLIER
PERPIGNAN
Avignon
Arles
Béziers
Narbonne
Carcassonne
Albi
Castres
Rodez
Millau
Mende
Le Puy-en-Velay
Aurillac
Cahors
Figeac
Alès
Sète
Agde
Lunel
Uzès
Orange
Tarascon
Beaucaire
Pont du Gard
Les Causses et les Cevennes
Parc Nat. des Cévennes
Parc Naturel Régional de la Narbonnaise en Méditerranée
Grotte Chauvet
Grotte de Lascaux
Camargue
Canal du Midi
Girona
Figueres
La Jonquera
Andorra la Vella
Puigcerdà
Foix
Pamiers
Castelnaudary
Mazamet
Lodève
Pézenas
Frontignan
Aigues-Mortes
Saintes-Maries-de-la-Mer
Port-St-Louis-du-Rhône
Argelès-s.-M.
Collioure
Port-Vendres
Cerbère
Céret
Prades
Quillan
Limoux
Lézignan-Corb.
Valence
Privas
Aubenas
Montélimar
Tulle
Ussel
St-Flour
Issoire
Vienne
Annonay
Yssingeaux
Marvejols
Florac
Le Vigan
Ganges
Sommières
Clermont-l'Hérault
Bédarieux
Lacaune
Gaillac
Villefranche-de-Rouergue
Decazeville
Sarlat
Moissac
Muret
Revel

Topziele

Die bedeutendsten Sehenswürdigkeiten Südfrankreichs und Ereignisse, die keinesfalls versäumt werden sollten, haben wir auf dieser Seite zusammengestellt. Auf den Infoseiten sind sie jeweils als **TOPZIEL** *gekennzeichnet.*

ERLEBEN

NATUR

KULTUR

Römererbe in Frankreichs Süden

An vielen Ecken begegnet man in Nîmes Spuren aus der Römerzeit. Wenn im Amphitheater junge Männer bei der „Course Camarguaise“ feurigen Stieren entgegentreten oder Konzerte stattfinden, ist zu erahnen, wie einst das Publikum raste, als hier Gladiatoren kämpften. Lebhaft gibt sich die Stadt auch sonst, sie vibriert bis spät in die Nacht. Von lauschigen Stadtplätzen zu den Markthallen und den romantischen Jardins de la Fontaine atmet die alte Römerstadt Geselligkeit und Lebensfreude.

Aussichtsreich über den Hügelketten der Corbières

Wie ein Adlernest hockt die imposante Katharerfestung Quéribus über dem Pass Grau de Maury und eröffnet einen überwältigenden Rundblick bis zur majestätischen Bergkette der Pyrenäen. Die Katharer indes dürften für das spektakuläre Panorama kein Auge gehabt haben: Quéribus war das letzte Widerstandsnest der Andersgläubigen gegen Papst und Krone.

Endlich mal Ruhe!

Morgens liegt noch friedliche Stille über den Stränden von Mèze am Nordufer des Étang de Thau. Doch nach und nach, wenn das Hafenstädtchen erwacht, wird es hier lebendiger – insbesondere im Sommer, wenn beim Festival de Thau und bei der Fête de l'Huitre kräftig gefeiert wird. Idylle oder Getümmel? Oder beides abwechselnd? Sie haben die Wahl!

10.00 pièce
Saucisson Noir de Bigorre
Saucisson de Noir de Bigorre
Chorizo de Burgos Douy ou Fort 23,95
Chorizo Iberique

Schaufenster südfranzösischer Lebensart und Kochkunst

Seit mehr als 100 Jahren überbieten sich die Händler der Markthallen von Toulouse (Foto), Narbonne und Béziers mit den Köstlichkeiten der Region: feinsten Delikatessen von Ente, Ziege, Rind und Schwein, fangfrischem Fisch und Meeresfrüchten, erlesenem Rohmilchkäse, knackigem Obst und Gemüse – und den besten Tropfen des Midi.

Wegweisend

Wie kein zweiter Ort in Montpellier symbolisiert die Place de la Comédie Dynamik und Aufbruchstimmung der Boomtown am Mittelmeer, in der alte Stadtpalais und Zukunftsarchitektur spannungsreich in Szene gesetzt wurden und von Architekten mit Weltgeltung weiterhin Neues geplant wird.

immobis
COURBET

Konzerte für den Frieden

1939 flüchtete Pablo Casals vor dem Franco-Regime nach Südfrankreich. Zuflucht fand der angesehene Cellist im kleinen Pyrenäenstädtchen Prades, das er zum landesweit berühmten Zentrum für Kammermusik machte. Seit 1950 konzertieren hier berühmte Musiker und ihre Sommerschüler im August in der Abtei St-Michel-de-Cuxa und den Kirchen der Umgebung – und halten mit ihren Auftritten Casals' Erbe lebendig: seine Forderung nach Frieden, Toleranz und Glaubensvielfalt.

Top-Restaurants in Südfrankreich

Lokale Küche für Genießer

Die französische Küche ist schon lange kein Geheimtipp mehr, und doch können Feinschmecker im Süden des Landes noch das eine oder andere Schlemmerparadies entdecken – manche sind sogar mit Sternen prämiert. Besonderer Wert wird auf regionale und saisonale Zutaten sowie auf kreative Kombinationen und sorgfältige Zubereitung gelegt. Der Süden schmeckt!

2

5

1 La Maison du Terroir

Pascal Borell machte Maury, bislang berühmt für Wein, auch als Schlemmerziel bekannt. Seit 2013 regieren dort zwei junge Frauen, die ihren Meister längst übertreffen: die Küchenchefin Eve Charrenton und die Sommelière Aude Jan. Serviert werden eine Terrine de Foie Gras mit bittersüßen Zitrusaromen, zarte Enten-Tournedos, rotes Gambas-Curry und Banoffe zum Dessert.

2, avenue Jean Jaurès,
66460 Maury,
Tel. 04 68 86 28 28,
www.restaurant
maisonduterroir.fr

2 L'Epicurien

Die Heimat von Küchenchef Rikard Hult ist Schweden, seine Frau ist Französin – wen wundert es da, dass sich in der Marktküche des Gourmetkochs skandinavische Melancholie und südfranzösisches Terroir vereinen? Mit Vorliebe serviert er zu Mont-Royal-Täubchen auf Pilzen und Sellerie, Jakobsmuschel-Risotto oder Rinderfilet die Weine seines besten Freundes: Die Tropfen von Patrice Lescarret (Domaine de Causses Marines) harmonieren ausgezeichnet mit den Speisen.

42, Place Jean Jaurès,
81000 Albi,
Tel. 05 63 53 10 70,
www.restaurant
lepicurien.com

3 Château de Salettes

Schnörkellos, fast minimalistisch ist der Speisesaal, raffiniert und kreativ die Küche: Beim Menü „Toulouse-Lautrec" trifft Foie Gras auf Apfel- und Zitronenaromen, werden Jakobsmuscheln in einen Speckmantel gehüllt und flirtet das langsam gegarte Kalbsfilet mit feinen Erbsen und jungem Spargel. Danach feiert Küchenchef Ludovic Dziewulski mit einem Überraschungsdessert ein furioses Finale.

lieu dit de Salettes,
81140 Cahuzac-sur-Vère,
Tel. 05 63 33 60 60, www.
chateaudesalettes.com

4 La Barbacane

Im Herzen der UNESCO-geschützten Festung Cité de Carcassonne inszeniert Jérôme Ryon im nostalgischen Ambiente des Barbacane mit seinen Holzvertäfelungen und Spitzbogenfenstern eine subtil verfeinerte Traditionsküche, die Michelin seit Jahren mit einem Stern belohnt.

Hôtel de La Cité, Place
Auguste-Pierre Pont,
11000 Carcassonne,
Tel. 04 68 71 98 71,
www.hoteldelacite.fr/
les-restaurants/
la-barbacane

5 Domaine Riberach „La Coopérative"

Eine Schnecke ist das Wahrzeichen – und Slow Food die Maxime von Luc Richard und Karin Pühringer, die die einstige Genossenschaftskellerei von Bélesta in ein Verwöhnhotel verwandelten, in dem Bio und Öko genauso großgeschrieben werden wie Genuss und Design: Es gibt 18 Zimmer, die früher Gärbehälter waren, ein Restaurant mit Loft-Charakter und einen Badeteich, den ein Bach speist und den Pflanzen ganz natürlich reinigen. Die Karte ist bodenständig; zum Vorspeisensalat passt der weiße „Synthese" aus der hauseigenen Kellerei ausgezeichnet. Schwein und Lamm kommen aus den Nachbardörfern, Fische von der Küste des Roussillon.

2a, route de Caladroy,
66720 Belesta,
Tel. 04 68 50 30 10,
www.riberach.com

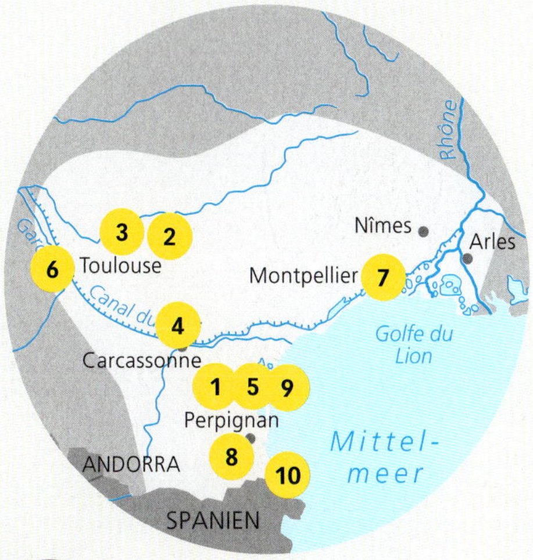

6 Restaurant Michel Sarran

Nicht en bloc, sondern als Bouillon serviert Michel Sarran die Spezialität des Südens: Foie Gras, Gänsestopfleber. Trüffel aus dem Périgord hüllt der Zwei-Sterne-Koch in Pute und Spinat, der Loup de Mer konkurriert Schicht um Schicht mit zartem Schinken und nussigem Spargel. In seiner Sterne-Küche bekämpft Michel mit kreativer Kulinarik starre Traditionen – und ist doch tief im gastronomischen Erbe des Gers verwurzelt. Köstlich!

21 Boulevard Armand Duportal, 31000 Toulouse,
Tel. 05 61 12 32 32,
www.michel-sarran.com

7 La Réserve Rimbaud

So schmeckt der Süden: Für seine authentisch-kreative Küche, die fest im Terroir des Midi verwurzelt ist, wurde Charles Fontès jüngst mit seinem ersten Michelin-Stern belohnt. Gebratene Jakobsmuscheln werden hier mit eingelegten Orangen kombiniert; in Artischocken versteckt Fontès würzige Pilze, grünes Gemüse inszeniert er als getrüffelte Canneloni. Das mundet nicht nur im klaren Ambiente des Saals in edlem Beige, Grau und Weiß vorzüglich, sondern auch auf der lauschigen Terrasse am Fluss Lez.

820 avenue St Maur,
34000 Montpellier,
Tel. 04 67 72 52 53, http://reserve-rimbaud.com

8 La Rencontre

Nach Lehrjahren bei den besten Küchenchefs des Südwestens hat der junge Koch Guillem Monier mitten im Herzen von Perpignan hinter alten Backsteinmauern sein erstes Restaurant eröffnet – und sich gleich in die Herzen der Einheimischen gekocht. Ihr Favorit auf der kleinen, feinen Karte ist „L'Agneau Catalan", ein in Thymian gegrilltes Lamm mit einem Ragout aus regionalem Gemüse und Quinoa.

16, rue des Cardeurs,
66000 Perpignan,
Tel. 04 68 34 42 73,
www.restaurant-larencontre.fr

9 Restaurant Klim & Ko „Le Grand Cap"

Schon die Lage ist spektakulär: Hoch über dem Kap von Leucate thront der Schlemmertempel von Stéphanie und Alexandre Klimenko, hinter den bodentiefen Panoramascheiben stilvoll dekoriert mit poppiger Kunst: mit Torsos aus buntem Glas, Löwenköpfen in Neonfarben und einem leuchtend roten Herz in XXL. Nicht minder mutig gibt sich die Küche, die kreativ Orient und Okzident, Land und Meer, Tradition und Avantgarde zu kulinarischen Kunstwerken verschmelzen lässt.

Chemin du Phare,
11370 Leucate,
Tel. 04 68 70 06 84,
www.klimenko.fr

10 Le Fanal

Noch lebendig landen die Fische in der Küche des neuen Sterne-Restaurants, das Pascall Borell 2014 direkt am Hafen von Banyuls-sur-Mer eröffnete: Rotbarbe, Seeteufel, Meerforellen und Seafood, für das die Einheimischen kilometerweit anreisen. Wer lieber Deftiges vom Land isst, kann knusprigen Kaninchenbraten mit Schnecken kosten oder Kalbsbries mit Morcheln – zwei Spezialitäten, die sonst nur noch selten auf der Karte stehen.

Avenue du Fontaulé,
66650 Banyuls,
Tel. 04 68 98 65 88,
www.pascal-borell.com

Lebhaftes Römererbe

Die römische Provinz Gallia Narbonensis war einst wichtiges Bindeglied zwischen Spanien und Italien. Fünf Jahrhunderte lang währte die den Galliern verhasste Fremdherrschaft. Ihre Zeugnisse in Nîmes beispielsweise sind heute Zentren südfranzösischer Lebenslust, besonders zur sommerlichen Ferienzeit.

Nîmes' Maison Carrée, der wohl schönste Römertempel

Die Tour Magne, ein Überrest der Stadtbefestigung von Nîmes aus dem 15. Jahrhundert, überragt den Park Jardins de la Fontaine um die Nemausus-Quelle.

Entspannung im „Royal Hotel“
an der Place d’Accas

Der Mittelpunkt von Nîmes: In Les Arènes, dem römischen Amphitheater, ging es einst – und geht es heute bei der spanischen Corrida erneut – um Leben und Tod.

Nirgendwo in Frankreich sind die Römer so präsent wie in Nîmes. Auf Schritt und Tritt begegnet man ihren Zeugnissen, wird ihr Erbe multimedial inszeniert. Zu Pfingsten kommt die Antike jedoch ganz spanisch daher: Nîmes feiert dann die Feria. Millionen Menschen verfolgen in dieser Zeit begeistert die Stierkämpfe in der Arena, genießen in den Bodegas zum Pastis oder Fino ein paar leckere Tapas, bevor sie sich wieder ins Gewühl stürzen, im Takt stimmungsvoller Sintimusik tanzen oder der Blasmusik der „Bidochons" lauschen, die überall aufspielen. Längst ist das Volksfest auch ein Stelldichein der Stars. In den 1950er-Jahren besuchten Brigitte Bardot und Errol Flynn die Feria; heute gehören die Schauspielstars Jean Reno und Jacques Weber zu den Stammgästen des Stier-Spektakels.

„Hier die Kaiserloge, dort, etwas tiefer gelegen, die Bänke der Patrizier … Dort drüben die drei Tore, durch die Gladiatoren und wilde Tiere herein sprangen …"

Gustave Flaubert, 1846

Typisch Frankreich: Pétanquespieler am Rand der Jardins de la Fontaine

Die schwarzen Muskelpakete

Die Passion für die Konfrontation zwischen Mensch und Stier, erst 1952 in offizielle Statuten für Nîmes' erste Feria gegossen, ist mehr als 600 Jahre alt. Als Zuchtgebiet der schwarzen Stiere gilt traditionell das Sumpfland südlich der Stadt: die Camargue mit ihren Salzwiesen und Salinen. Bis ins Mittelalter reicht die Tradition zurück. Heute liegt die Aufzucht der rund 15 000 halbwild lebenden Stiere in der Hand von rund

Eine bunte Welt trifft sich zu den Wallfahrten von Saintes-Maries-de-la-Mer.

Die Camargue ist Pferdeland.

Durch den Ort geht es für die Stiere: „Abrivado" zur Arena

Bei der Maiwallfahrt in Saintes-Maries-de-la-Mer geht es um tiefe Gläubigkeit.

Jeans

Special

Blauer Trendstoff

Jeans sind keine moderne Erfindung: Ihr Stoff, blau gefärbtes, robustes Baumwollgewebe in Köperbindung, wurde bereits im Mittelalter in Nîmes hergestellt. Der Legende nach wurden sogar Kolumbus' Schiffe von mit Segeln aus „Serge de Nîmes" ausgerüstet – und erreichten so Amerika. Doch es dauerte noch fast 400 Jahre, bis dort die ersten Blue Jeans gefertigt wurden. Zunächst nähten nur Seeleute aus Genua praktische Arbeitshosen aus dem blauen Stoff. Ende des 19. Jahrhunderts schneiderte ein Auswanderer aus Bayern, Levi Strauss, Arbeitskleidung für amerikanische Goldsucher nach deren Vorbild. Aus der Herkunftsbezeichnung „De Nîmes" wurde „Denim", aus dem Städtenamen Genua, französisch Gênes, wurde „Jeans".

120 Manadiers. Ihr Name geht auf das lateinische Wort für Hand – „Manus" – zurück, denn erst ab fünf Stieren (eben so viele, wie eine Hand Finger hat) ist man Herr über eine Herde. Eine zweite Erklärung besagt, dass der Mensch seine Hand schützend über die Herde hält, aber gleichzeitig auch das Sagen hat.

Nur die besten Stiere werden Stars in den Arenen von Arles, Nîmes und Saintes-Maries-de-la-Mer, das Gros der Tiere landet beim Schlachter. Ihr zartwürziges, mit dem AOC-Gütesiegel versehenes Fleisch wird als Mettwurst und Paté auf Märkten verkauft, als Steak gegrillt und gehört in die „Gardiane", den traditionellen Eintopf der Camargue.

Ohne den Obulus der Touristen können die meisten Züchter nicht überleben. Und so zeigen ihre Cowboys, die Gardians, gern die „Tri de Taureau". Hufe klappern, Staub wirbelt auf, immer wieder weicht der Stier aus, doch dann gelingt es dem Reiter, sein Pferd zwischen Stier und Herde zu drängen und das gewünschte Tier abzutrennen. Zimperlich geht es dabei nicht zu: Sporen und Zacken an der Trense sorgen beim Pferd für Gehorsam. Geritten werden die Pferde einhändig mit eng am Hals anliegenden Zügeln – so bleibt die zweite Hand frei für ein Arbeitsgerät oder den schwarzen Hut. Auch die Sättel sind besonders, vorne und hinten hochgezogen und gut gepolstert. Statt der üblichen offenen Bügel sind die Steigbügel Halbkörbe – sie geben dem Fuß Halt, ohne dass er hängen blieben kann.

Zurück nach Nîmes, wo das besterhaltene Amphitheater der römischen Welt seit jeher dem Kräftemessen als Kulisse dient. 24 000 Zuschauer verfolgten zur Antike die Kämpfe der Gladiatoren gegeneinander oder gegen exotische Tiere, bis der Siegeszug des Christentums zu Beginn des 5. Jahrhunderts „Brot & Spiele" in Nîmes beendete, und die Arena zum Spielplatz der Bauherren wurde: Westgoten machten sie zur Festung, Landgrafen setzten ihr Schloss hinein, später wurde „Les Arènes" ein eigener Stadtteil mit zeitweilig mehr als 2000 Einwohnern.

Meisterbau ohne Mörtel

Die Wiege des römischen Nîmes lag in den Jardins de la Fontaine. Die Römer huldigten hier, wie schon vorher die Kelten, dem Wassergott Nemausus – und benannten nach ihm ihre neue Siedlung. Da jedoch das Quellwasser zu unregelmäßig floss, um die Bedürfnisse der wachsenden Stadt zu befriedigen, gab Kaiser Augustus seinem Schwiegersohn und Feldherrn Agrippa den Auftrag, eine 50 Kilometer lange Wasser-

Frankreichs Fin de Siècle, die „gute alte Zeit", zeigt sich im „Café de Paris" von Le Grau-du-Roi.

Hier kann sich jeder aussuchen, was auf dem Teller landen soll:
Fischtheke eines Restaurants in Le Grau-du-Roi.

Inmitten einer Kunstwelt mit Ferienwohnungen für Zehntausende sorgt Le Grau-du-Roi mit seinem Hafenkanal, den Häusern vergessen geglaubter Zeiten und dem Leuchtturm für Flair.

In den Stadtpalästen aus Renaissance und Klassizismus verkaufen Aussteiger, Antiquitätenhändler und Kunsthandwerker das Lebensgefühl des Südens.

leitung zu bauen, die Nîmes mit dem Wasser der Eure-Quelle in den Hügeln von Uzès versorgen sollte, das heute von Perrier als Mineralwasser abgefüllt wird. Die Aufgabe schien unlösbar – gab es doch auf der Strecke nur einen Höhenunterschied von 17 Metern, und damit ein Gefälle von nur 0,034 Prozent. Zudem kreuzte der Gardon den geplanten Lauf des Aquädukts. Wie konnte er überwunden werden? Heraus kam eine Brücke der Superlative, die seit 1985 zum UNESCO-Welterbe zählt: der Pont du Gard. In drei übereinander gelagerten Bogen überspannt der Bau 49 Meter hoch das Flusstal. Seine bis zu sechs Tonnen schweren Muschelkalkquader wurden ohne Mörtel oder Zement zusammengefügt. Allein der Druck und die dadurch entstehenden Reibekräfte genügen, um die insgesamt 50 000 Steine zusammenzuhalten. „Die Seele sieht sich in ein langes und tiefes Erstaunen versetzt", schrieb der Essayist und Romancier Stendhal 1837 nach einem Besuch des Pont du Gard und notierte in seinem Reisetagebuch: „Mir scheint, als wirke dieser Bau wie erhabene Musik."

Lebendiges Mittelalter

Ein zweiter berühmter französischer Poet lebte ab 1661 für 18 Monate dort, wo die Römer einst zum Schutz der Quelle ihr Militärlager Castrum Uticense errich-

Uzès' Tour Fénestrelle, Überbleibsel der in den Glaubenskriegen des 16. und 17. Jahrhunderts zerstörten Kirche, und die „neue" Kathedrale

Uzès' gesamte Altstadt um die Place aux Herbes steht heute unter Denkmalschutz. Aufwendigen Restaurierungen steht aber auch Verfall gegenüber, wenn die notwendigen Mittel fehlen.

Pont du Gard: Steht heute unter dem Schutz der UNESCO. Über ihn gelangte das Trinkwasser ins römische Nîmes.

tet hatten: der für Tragödien geschätzte Jean Racine. Seine „Briefe aus Uzès" an die Pariser geben ein Zeugnis vom damaligen Leben in Uzès, von den Bräuchen, aber auch von politischen und religiösen Verwicklungen.

Uzès ist im Jahr 1632 zur „Premier Duché de France" ernannt worden – eine Tatsache, die bis heute gern und durchaus wirksam für die Tourismuswerbung eingesetzt wird. Sein verwinkelter Palast, dessen Besichtigung sich der Herzog teuer bezahlen lässt, bildet das Herz der Altstadt, die hinter einem Boulevardring ihr mittelalterliches Gepräge bewahrt hat. Durch kopfsteingepflasterte Gassen streunen Katzen, in den Stadtpalästen aus Renaissance und Klassizismus verkaufen Aussteiger, Antiquitätenhändler, Künstler und Kunsthandwerker das Lebensgefühl des Südens – Schmuck, Mode und Ambiente im Flair des Midi.

Das Salz der Camargue

Schon die Römer gewannen in der Camargue das lebenswichtige Salz. Im ausgehenden Mittelalter wurden noch 17 Salinen betrieben. Heute liegt die Salzgewinnung in den Händen des Großunternehmens Salins du Midi, dessen strahlend weiße Salzberge bei Aigues-Mortes in den blauen Himmel ragen. 5000 Hektar der flachen Lagune wurden dort zur Salzgewinnung eingedeicht. Im Frühjahr wird Meerwasser hineingepumpt, das unter der starken Sonne und den steten Mistralwinden verdunstet. Im Sommer, wenn der Wind sich legt, kristallisiert die Oberfläche der Salzlandschaft und bildet die „fleur de sel". Die besonders aromatische „Salzblume" wird vom Saunier vorsichtig per Hand abgenommen – und hat daher ihren Preis. Danach beginnt die maschinelle Salzernte.

Im Sommer kristallisiert die Oberfläche der Salzlandschaft.

STIERE DER CAMARGUE

Die schwarzen Helden

In der Camargue regiert Lasso statt Lavendel, heißen die Ranches „Manade“ und züchten markig aussehende Männer schwarze Kolosse für den Stierkampf.

Wie die Zucht der Stiere gehört das gegenseitige Kräftemessen zur Tradition in der Camargue. Anders als bei der spanischen Corrida verlässt der Stier bei der Course Camarguaise die Arena nicht tot, sondern lebendig. Und im Wettkampf zwischen Tier und Mensch wird das Tier bei einem Sieg genauso gefeiert wie der „Raseteur", der versucht, die zwischen den Hörnern mit Bändern befestigte „Cocarde" – eine rote Kokarde und zwei Bommel – abzureißen.

Den Auftakt zur Course Camarguaise bilden die „Abrivados", bei denen die Stiere von berittenen „Gardians" durch die Dorfstraßen in die Arenen getrieben werden. Rund zehn Courses bestreitet ein Kampfstier pro Saison, nach 15 Jahren ist Schluss. Danach verbringt ein „Cocardier" seine letzten Lebensjahre bei der Herde.

Sehr umstritten sind die Stierkämpfe spanischer Art, die noch immer in rund 60 südfranzösischen Städten stattfinden. Zwar werden die „Corridas" von der Bevölkerung mehrheitlich abgelehnt, doch die Lobby der Verfechter ist stark – selbst Staatspräsidenten zählten schon zu ihren Anhängern.

Im französischen Tierschutzgesetz sind die „Courses de Taureaux" ausdrücklich als Ausnahme gestattet. Und auch die Course de Camarguaise ist nicht ganz so tierfreundlich, wie sie sich gern gibt. Um dem Stier zu entwischen, flüchten sich die Läufer hinter die Holzbarriere, die die Arena begrenzt. Der Stier hingegen prallt mit seinen Hörnern gegen die Holzwand. Auch kommt es durch das Abreißen der „Cocarde" mitunter zu Verletzungen; so mancher Stier hat sein Augenlicht verloren. Vor dem ersten Einsatz als Kampfstier steht zudem die Kastration – und zwar ohne Betäubung.

Doch jetzt ertönt bereits wieder die traditionelle Fanfare, die auch jede Course Camarguaise eröffnet: „Auf in den Kampf, Torero!" aus der Oper „Carmen". Der Stier scharrt mit seinen Hufen im Sand. Das archaische Ritual beginnt aufs Neue.

Archaisches Ritual in Nîmes: Den Stierkampf nach spanischer Art lehnt die Mehrheit der französischen Bevölkerung ab.

Die schwarzen Stiere sind wendig und wahre Kraftpakete – vor ihren Hörnern gilt es sich in Acht zu nehmen.

Fakten & Informationen

Stiere erleben
Manade Caillan, François Fassi, Route de Massane, F-13210 St-Rémy-de-Provence, Tel. 06 28 78 42 55, **www.manade-caillan.fr**
Manade des Chanoines, Route des Marais, F-13280 Raphèle (Arles), Tel. 04 66 70 09 65, **www.manadedeschanoines.camargue.fr**
Manade Gilbert Arnaud, Mas lou Rayas (D 38c), F-13460 Les Stes-Maries-de-la-Mer, Tel. 04 90 97 52 52, **manadearnaud.com**
Manade Jean Lafon, Mas du Grés, F-34400 St-Nazaire de Pezan, Tel. 04 67 71 31 42, **www.manade-lafon.com**

Die berühmtesten „Ferias" Südfrankreichs
Feria de Nîmes: Pfingsten, Sept., **www.arenesdenimes.com**
Feria d'Arles: Ostern, Anfang Juli, Sept., **www.feriaarles.com**
Feria de Beaucaire: Ende Juli, **www.beaucaire.fr**
Feria de Béziers: Mariä Himmelfahrt (15. August), **www.arenes-de-beziers.com**
Feria de Céret: Juli, **www.feriadeceret.com**

Maßstab 1:390.000

0 5 10km

Stierkampf und Römerschätze

Warum zeigt das Stadtwappen von Nîmes ein Krokodil an der Kette? Weil sich Augustus von hier aus die Herrschaft über Ägypten gesichert hat, lautet die Antwort und verweist damit auf eine Epoche, die der Region rund um Nîmes bis heute ihren Stempel aufgedrückt hat: die Römerzeit. Ab 2018 stellt das Musée de la Romanité von Elizabeth und Christian de Portzamparc – direkt an den Arenen – diese Zeit vor.

1 Nîmes

Das reiche Erbe der Römerzeit machte Nîmes (146 700 Einw.) berühmt. Seit dem 18. Jh. ist die Textilindustrie bedeutender Wirtschaftsfaktor in der Hugenottenhochburg des 16. Jhs. Für deren modernes Antlitz setzten Architekten wie Sir Norman Foster, Jean Nouvel und Kisho Kurokawa Akzente. Neue Viertel im Einklang mit nachhaltigen Zielen zu schaffen, ist Ziel der Grands Projets. Nach Niederflurstraßenbahnen führte Nîmes 2012 auch den „Tram'Bus" ein. Bahnhof und Amphitheater verbindet die grüne Flanierstrecke L'Esplanade.

SEHENSWERT

Das **Amphitheater** TOPZIEL (www.arenes-nimes.com, Jan., Feb., Nov., Dez. tgl. 9.30 bis 17.00, März, Okt. 9.00–18.00, April, Mai, Sept. 9.00–18.30, Juni 9.00–19.00, Juli/Aug. 9.00 bis 20.00 Uhr, Erw. 9,50 € inkl. Audioguide) wurde Ende des 1. Jhs. erbaut und gilt als größtes Theater des gallorömischen Reiches. Es ist 133 m lang und 101 m breit. Vom 21 m hohen Arkadenring hat man Altstadtblick. Bis 2025 sollen die Arenen sukzessive restauriert werden. Das einstige Forum der antiken Stadt beherrscht die **Maison Carrée**, einer der besterhaltenen Tempel der Antike (1. Jh.) auf dem Gebiet des früheren römischen Reiches. Im Innern werden 2000 Jahre Stadtgeschichte als 3-D-Film präsentiert (März tgl. 10.00–18.00, April, Mai, Sept. bis 18.30, Juni bis 19.00, Juli/Aug. bis 20.00, Okt. 10.00–13.00, 14.00–18.00, sonst 10.00–13.00, 14.00–16.30 Uhr, Erw. 5,80 €). In den **Jardins de la Fontaine**, im 18. Jh. als einer der ersten öffentlichen Gärten Frankreichs um ein antikes Quellheiligtum am Mont Cavalier angelegt, erhebt sich die achteckige **Tour Magne**; mit fantastischer Aussicht auf die Stadt, den Mont Ventoux, die Alpilles und die Ebene von Vistre ist der 32 m hohe Turm letztes Überbleibsel der römischen Stadtbefestigung (Jan., Feb., Nov., Dez. tgl. 9.30–13.00, 14.00–16.30, März, Okt. 9.30–13.00, 14.00 bis 18.00, April, Mai, Sept. 9.30–18.30, Juni 9.00 bis 19.00, Juli/Aug. bis 20.00 Uhr, Erw. 3,40 €). Viele **Stadtpalais** aus dem 16., 17. und 18. Jh. sind restauriert; einige dienen als Hotels.

Tipp

Auf dem Gardon

Ein Spaziergang über den berühmten Pont du Gard gehört zum Standard. Spannender ist es, sich in Collias ein Kanu oder Kajak zu mieten und auf dem Gardon unter den historischen Brückenbogen hindurchzugleiten. Am Ende der Paddeltour geht es im Bus zurück zum Ausgangspunkt.

Leihboote gibt es u. a. bei Kajak Vert, Tel. 04 66 22 80 76, www.canoe-france.com.

MUSEEN

Moderne Kunst birgt das von Sir Norman Foster 1993 realisierte **Carré d'Art** – vom Dachcafé hat man Ausblick auf die Maison Carrée (16, place de la Maison Carrée, www.carreartmusee.com, Di.–So. 10.00–18.00 Uhr, Erw. 5 €). Das **Musée des Beaux Arts** zeigt französische und italienische Kunst des 15. bis 19. Jhs. (Rue Cite Foulc, www.nimes.fr, Di.–So. 10.00–18.00 Uhr, Eintritt frei). Näheres zum Stierkampf vermittelt das **Musée des Cultures Taurines** (6, rue Alexandre Ducros, Mai–Sept. Di.–So. 10.00 bis 18.00 Uhr, Erw. 5 €). Einblicke in die Geschichte Nîmes' gewährt im ehem. Bischofspalast das **Musée du Vieux Nîmes** (Place aux Herbes, Di.–So. 10.00–18.00 Uhr, Erw. 5 €), während das **Musée Archéologique** (13, boulevard Amiral Courbet, Di.–So. 10.00–18.00 Uhr, Erw. 5 €) Sammlungen von der Eisenzeit bis zur gallorömischen Epoche birgt – ab 2018 werden sie im **Musée de la Romanité** gezeigt.

AKTIVITÄTEN

Vielfältigen Wasserspaß verspricht das **Erlebnisbad Aquatropic** (39, chemin de l'Hostellerie, www.aquatropic-equalia.fr, Mo.–Fr. 10.00–20.00, Sa. 11.00–18.15 Uhr, im Sommer tw. Mittagspause, Erw. 5,25 €).

Moderne Tempel-Interpretation: Carré d'Art von Sir Norman Foster

EINKAUFEN

Lammfleisch, Stockfisch, Pélardon und Picholine: Die überdachten **Markthallen** von Nîmes sind dienstags ein Paradies für Schlemmer (tgl. 7.00–13.00, So. bis 13.30 Uhr, www.leshallesdenimes.com). Knusprige „Croquets Villarets" (Mandelbiskuits) werden seit 1775 bei Villaret (13, rue de la Madeleine) hergestellt.

VERANSTALTUNGEN

Pfingsten und im Sept. feiert Nîmes die **Feria** (siehe S. 33) mit Corridas, Konzerten, Umzügen und Ausstellungen. Bei den **Jeudi de Nîmes** verwandeln sich im Juli und Aug. donnerstags Straßen und Plätze in einen Nachtmarkt mit Kitsch, Kunst und Schlemmereien.

HOTELS UND RESTAURANTS

Das € € **Royal Hôtel** schwelgt farbenfroh im Stierkampf-Flair, im **Bodeguita** brutzelt man spanisch (3, boulevard Alphonse Daudet, F-30000 Nîmes, Tel. 04 66 58 28 27, www.royalhotel-nimes.com). In einem Barockpalais residiert das € € /€ € € **Marquis de la Baume** (21, rue Nationale, F-30000 Nîmes, Tel.

04 66 76 28 42, www.hotel-marquis-de-la-baume-nimes.com). Die Brasserie € € € **La Grande Bourse** gegenüber den Arenen ist eine Institution (2, boulevard des Arènes, Tel. 04 66 67 68 69, www.la-grande-bourse.com). Ein Juwel nahe den Arenen ist € € Le Resto mit seiner saisonalen Küche (6, rue Saint-Thomas, Tel. 04 66 21 80 12, www.leresto-nimes.com).

UMGEBUNG

32 km nordöstl. überspannt seit 2000 Jahren der **Pont du Gard** TOPZIEL (www.pontdugard.fr, Mai–Sept. 7.30–24.00 Uhr, sonst kürzer, Eintritt für Parken, Museen, Wanderwege, Ausstellungen: Besucher im Auto (max. 5 Pers.) 18 €, Motorradfahrer 12 €, per Rad, zu Fuß 7 €) die Schlucht des Gardon. Den Bau des UNESCO-Welterbes dokumentiert das Museum; es gibt auch einen halbfiktiven Film von Robert Pansard-Besson. Im Sommer locken Konzerte, Festivals und Les Féeries. Wo später die Via Domitia, die Römerstraße von Italien nach Spanien, die Rhône überquerte, entstand im 7. Jh. v. Chr. Ugernum als Handelsplatz. Bis ins 19. Jh. war die 1168 gegründete „Foire de la Madeleine" eine der größten Messen Europas. Heute ist **Beaucaire** ein beschauliches Städtchen mit Torbogen und Stadtpalais.

Tipp

Uralte Wallfahrt

Jeden Mai pilgern Roma, Sinti, Manuschen und Jenische aus aller Welt nach Saintes-Maries-de-la-Mer, um dort die schwarze Sara zu verehren. Die Dienerin habe Marie-Jacobé, die Schwester der Muttergottes, und Marie-Salomé, die Mutter Johannes des Täufers, bei ihrer Flucht aus dem Heiligen Land begleitet und sei mit den beiden Frauen in einer Barke hier an Land gespült worden. Am 24. Mai wird die Statue der hl. Sara aus der Wehrkirche Notre-Dame-de-la-Mer geholt und, begleitet von Reitern, ans Meer getragen, um sie dort mit Wasser zu benetzen. Auf dem Rückweg begleiten Jubelrufe, Musik und Glockengeläut die Prozession.

INFORMATION

Office de Tourisme, 6, rue Auguste
F-30020 Nîmes Cedex 1, Tel. 04 66 58 38 00
www.ot-nimes.fr

2 Uzès

Einst siedelten in Uzès (8578 Einw.) die Kelten, später errichteten die Römer hier ihr Militärlager. 1229 wurde Uzès Frankreich unterstellt, 1632 wegen der uneingeschränkten Unterstützung der Könige zum „1er Duché de France", zum ersten Herzogtum Frankreichs, erhoben.

SEHENSWERT

Hinter einem Boulevardring mit Straßencafés lädt die fast autofreie **Altstadt** mit Stadtpalästen und mittelalterlichen Gassen zum Bummeln – besonders zur Marktzeit (Sa.). Die **Place aux Herbes** mit ihren Arkaden ist vielen aus dem Kino bekannt – hier wurde u. a. „Cyrano von Bergerac" mit Gérard Depardieu gedreht. Die **Kathedrale St-Théodorit** (17. und 19. Jh.) birgt eine der schönsten Orgeln Frankreichs (ab 1660). Ungewöhnlich ist auch die **Tour Fenestrelle** (11./12. Jh.); der Rest der ersten Kathedrale erhebt sich rund und mit Bogengängen auf einem quadratischen Sockel. Gegenüber residiert im **Herzogsschloss Le Duché** mit der Familie Crussol d'Uzès die weltliche Macht (Juli, Aug. tgl. 10.00–12.30, 14.00 bis 18.30, sonst 10.00–12.00, 14.00–18.00 Uhr, www.duche-uzes.fr, Erw. 18 €); ist der Herzog anwesend, weht seine Flagge auf den Zinnen. Schön ist der Innenhof mit der Renaissancefassade von 1565, über der sich seit 900 Jahren der 43 m hohe Bergfried **Tour Bermonde** erhebt.

MUSEUM

Sammlungen zur Volkskunst, Stadtgeschichte und Keramik präsentiert das **Musée Georges Borias** (Ancien Evêché, http://uzes musee.blogspot.de, Juli/Aug. Di–So. 10.00–12.00, 15.00–18.00, März–Juni, Sept./Okt. 15.00 bis 18.00, Nov. und Feb. 14.00–17.00 Uhr, Erw. 3 €).

HOTEL UND RESTAURANT

Nostalgische Zimmer mitten in der alten Stadt und das Schlemmerlokal € € € € **Parenthèse** birgt die € € **L'Hostellerie Provençale** (1, rue de la Grande Bourgade, F-30700 Uzès, Tel. 04 66 22 11 06, www.hostellerieprovencale.com). Sehr beliebt ist ein Sommer-Dinner auf der Terrasse von € € € € **Les Jardins de Castille** mit Blick auf die Kathedrale (Place de l'Evêché, Tel. 04 66 22 32 68, www.leshotelsparticuliers.com).

UMGEBUNG

Das Töpferdorf **St-Quentin-la-Poterie** (nördl.) veranstaltet im Juli das Festival Européen des Arts Céramiques. Keramikkunst des 18. bis 21. Jhs. präsentiert das Musée de la Poterie Mediterranéenne (14, rue de la Fontaine, www.musee-poterie-mediterranee.com, Juni Mi.–So. 10.00–13.00 und 15.00–19.00, Juli, Aug. tgl., Sept. Mi.–So. 10.00–12.00, 14.00–18.00 Uhr, sonst kürzer, Erw. 4 €). Wie sich ein Klumpen Ton in Kunstvolles verwandelt, zeigen mehr als 20 Kunsthandwerker in ihren Ateliers.

INFORMATION

Office de Tourisme de Uzès et d'Uzège,
Chapelle des Capucins, Place Albert 1er,
F-30700 Uzès, Tel. 04 66 22 68 88,
www.uzes-tourisme.com

3 Stes-Maries-de-la-Mer

Der alte Wallfahrtsort (2495 Einw.) der Roma ist heute ein Ferienort mit Jachthafen, Windsurfspeedstrecke und Ferienanlagen.

Aigues-Mortes mit seiner Stadtmauer (oben); Zu Pferd oder mit dem Fahrrad durch die Camargue (unten)

SEHENSWERT

Highlight ist die **Wehrkirche Notre Dame de la Mer** (11./12. Jh.), in der 1448 die Reliquien der beiden Heiligen Marie-Jacobé und Marie-Salomé entdeckt wurden (Wallfahrten: 24. Mai, Ende Okt.). Vom Kirchendach eröffnet sich ein Panoramablick. Am östlichen Ortsrand beginnt ein 25 km langer Wanderweg auf Deichen vorbei an Dünen und Salzwiesen nach Salin-de-Giraud am Ufer der Grand Rhône.

HOTEL UND RESTAURANTS

Einst schliefen Jäger in den Rundlingshütten – heute gehören sie zum Hotel-Restaurant € € € **L'Auberge Cavalière du Pont des Bannes** (Quartier Pont des Bannes, Route d'Arles, F-13460 Stes-Maries-de-la-Mer, Tel. 04 90 97 88 88, www.aubergecavaliere.com). Zwei Dutzend Lokale gibt es in der Saison.

UMGEBUNG

Zwischen den beiden Armen der Rhône liegt der 85 000 ha große **Parc Naturel Régional de Camargue** TOPZIEL (www. parc-camargue.fr) mit Steppen (Sansouires), Süßwassersümpfen (Rolières), Dünen und Stränden.

INFORMATION

Office de Tourisme, 5, avenue Van Gogh,
F-13460 Saintes-Maries-de-la-Mer, Tel.
04 90 97 82 55, www.saintesmaries.com

4 Aigues-Mortes

1240 beschloss Ludwig IX. der Heilige den Bau einer Stadt, die seinem Reich einen Zugang zum Mittelmeer verschaffte: Aigues-Mortes (8565

Einw.). Wegen seiner Mauer mit 15 Türmen und fünf Toren gehört Aigues-Mortes zu den schönsten mittelalterlichen Städten Frankreichs.

SEHENSWERT
Am frühen Abend leuchtet die 1,64 km lange **Stadtmauer** golden. Der Spaziergang auf den „Remparts" beginnt an der Tour Constance, einst ein Hugenottengefängnis (http://aigues-mortes.monuments-nationaux.fr, Mai–Aug. 10.00–19.00, sonst 10.00–17.30, Kasse 13.00 bis 14.00 Uhr geschl., Erw. 7,50 €). Zwischen den Dächern ragen die gotische Kirche **Notre-Dame-des-Sablons** (1183) und zwei Kapellen von Bußmönchen aus dem 17. Jh. auf: die **Chapelle des Penitents gris** (Kapelle der Grauen Bußmönche, Mai–Sept. tgl. 14.30–18.30 Uhr) und **Chapelle des Penitents blancs** (Kapelle der Weißen Bußmönche, Juni–Sept. tgl. 14.00 bis 18.30 Uhr). Auf der **Place St-Louis** drängen sich Cafés und Boutiquen um die Statue Ludwigs IX. des Heiligen.

MUSEUM
Die **Chapelle des Capucins** (1634) an der Place St-Louis zeigt als **Galerie für zeitgenössische Kunst** Wechselausstellungen. Der Natur widmet sich die 2015 eröffnete **Maison Grand Site de la Camargue Gardoise** (Route du Môle, www.camarguegardoise.com, Di–So 10.00–17.00 Uhr, Eintritt frei), zu der das **Centre du Scamandre** in Vauvert gehört – dort beginnen drei Wanderwege (500 m, 1,5 km, 4 km).

HOTEL
An der Wehrmauer liegt die **€ /€ € Hôtel-Restaurant Les Remparts** mit 19 nostalgischen Zimmern und gutem Restaurant (6, place A. France, F-30220 Aigues-Mortes, Tel. 04 66 53 82 77, www.remparts-aiguesmortes.fr).

UMGEBUNG
In der Camargue wird seit der Antike Meersalz gewonnen. Heute haben die Salinen eine Fläche von 10 800 ha und produzieren rund 500 000 t pro Jahr. Erkundet werden können die Tables salantes (Kristallisierungsbecken) und Camelles (Salzberge) auf einer Fahrt im Mini-Zug ab Porte de la Gardette (Juli/Aug. tgl. 10.00–18.00 Uhr alle 30 Min., März–Juni, Sept./Okt. 10.30, 11.30, 14.30, 16 Uhr, Erw. 9,80 €), auf Führungen im e-Car (Erw. 38 €), per Mountainbike (Erw. 25 €) oder im Jeep mit einem Paludier bei der Ernte der Salzblume (www.visitesalinsdecamargue.com).
Der Fischerort **Le Grau-du-Roi** liegt zu beiden Seiten des Königskanals, der Aigues-Mortes mit dem Meer verbindet. **Port Camargue** ist mit 4600 Liegeplätzen Europas größter Freizeithafen. Wahrzeichen des Badeorts **La Grande-Motte** mit endlosen Sandstränden sind die von Jean Balladur geschaffenen „Pyramiden" – in den 1960er/ 1970er-Jahren terrassenförmig angelegte Hochhäuser mit Ferienwohnungen.

INFORMATION
Office de Tourisme, Place Saint Louis, F-30220 Aigues-Mortes, Tel. 04 66 53 73 00, www.ot-aiguesmortes.fr

Genießen   Erleben   Erfahren

DuMont Aktiv

Stiere, Salz, Flamingos

Die Camargue ist ein Radrevier par excellence. Besonders schön ist eine Radtour zu den Stieren, den Salzfeldern und den rosafarbenen Flamingos im Frühjahr, wenn bunte Wildblumen die Salzwiesen und Weiden überziehen und das Land noch üppig grün ist.

Ausgangspunkt ist der Ort 5 **Salin-de-Giraud**, erstes Ziel die Tourvieille, 1607 an einem Altarm der Rhône errichtet. Schilder mit der Aufschrift „Restaurant de Poissons, Chez Marc et Mireille" weisen den Weg zum Seedeich. Von der Krone dieses „Digue de Mer" schweift der Blick über die Étangs, wo Seidenreiher und andere Watvögel rasten. An der Kreuzung mit dem Seedeich nach Beauduc weiter geradeaus radeln bis zur Steinbarriere. Nach 2,5 km wird die Cabane des Flamants am Étang du Fangassier erreicht. Von der Schutzhütte aus lässt sich Frankreichs Flamingo-Kolonie – mehr als 10 000 Paare – beobachten.

Weiter geradeaus bis zur Kreuzung, rechts auf die D 36c einbiegen zum Mas St-Bertrand. Nun säumen Weiden mit den berühmten schwarzen Stieren und weißen Pferden der Camargue den Weg. Rechts auf die Landstraße C 140 „La Belugue" einbiegen, am Mas Cameroun vorbei, dann links den Sandweg nach Faraman nehmen und zurück nach Salin-de-Giraud radeln. Wer auf der D 36 Richtung Plage de Piémanson noch 2 km bis zum Aussichtspunkt (rechts) fährt, kann einen Blick auf die Salzberge der Salins du Midi werfen.

Weitere Informationen

Salins du Midi
Tel. 04 42 48 81 87, www.visitesalinsdecamargue.com

Cabane des Flamants
www.parc-camargue.fr, April–Juni

Tourlänge
29 km, 3–4 Std., ebene Strecke, Seedeich mitunter nicht gepflegt. Leihräder: an der Elf-Tankstelle, Salin-de-Giraud, Tel. 04 42 86 81 31, Mas St-Bertrand (dort auch Zimmer **€ /€ €**, Tel. 04 42 48 80 69, www.mas-saint-bertrand.com)

Die berühmten schwarzen Stiere finden in der Camargue große Weideflächen.

Wilde Berge und tiefe Schluchten

Hier beginnt der Midi: Die Mittelgebirgslandschaft zwischen Massif Central und Mittelmeer markiert in Klima und Vegetation den mediterranen Süden Frankreichs und vereint zwei – seit 2011 zum Welterbe der UNESCO zählende – Kulturlandschaften von ganz unterschiedlichem Reiz: die rauen, grünen Berge der Cevennen und die heißen, weiten Kalkplateaus der Causses, in die Dourbie, Jonte und Tarn spektakuläre Schluchten geschnitten haben.

Seit Jahrhunderten folgen die Schafe denselben alten Wegen hinauf zum Mont Lozère.

Das Tal des Tarn ist geprägt von Stein, Grün und Wasser: Ste-Enimie im Tal des Tarn, unterhalb der Kalkzacken (oben links); St-Chély-du-Tarn, verbunden mit der Corniche über eine schmale Brücke (oben rechts); Kletterer in den Cevennen (links), Ausblick vom Point Sublime in die Gorge du Tarn (rechts).

Unterhalb des futuristischen Viaduc de Millau geht das Leben seinen gewohnten Gang.

Obgleich der Tourismus auch in den Cevennen immer stärker an Bedeutung gewinnt, dominiert in den dünn besiedelten Bergen bis heute die traditionelle Landwirtschaft.

Sieben große Flussadern, eben „sept veines (fluviales)", durchziehen die Berglandschaft – und gaben den „Cevennen" ihren Namen. Auf seinen Stock gestützt, erzählt Benjamin Sergé Cavaillac von den Ursprüngen der Gipfel, die ihn umgeben. Seit vielen Jahren zieht der Schäfer mit seiner Herde über die Wiesen ringsum. Céline Moureves gebietet über 90 Ziegen. Aus ihrer Milch fertigt die Französin kleine, nur 60 Gramm schwere Käsetaler: Pélardon, erster AOC-Käse des Languedoc. Célines Schwester Francine pflanzt in St-Martial die zweite geschützte Spezialität der Region: Oignons doux, Süßzwiebeln.

Alle drei sind typische „Cévenoles", raue und doch herzliche Menschen, die aus Überzeugung das harte bäuerliche Leben ihrer Vorfahren fortführen und bewahren. Obgleich der Tourismus auch in den Cevennen immer stärker an Bedeutung gewinnt, dominiert in den dünn besiedelten Bergen bis heute die traditionelle Landwirtschaft. Dazu gehört auch die Transhumanz, die Wanderviehwirtschaft. Über Viehwege, Draille genannt, ziehen die Herden im Juni von ihren Winterquartieren im Tal hinauf zu den Sommeralmen am Mont Lozère und Mont Aigoual, auf denen zwischen Kalk, Gneis und Granit würzige Kräuter und saftige Gräser wachsen.

Brot- und Goldbäume

Die Cevennen sind bis heute eine einsame und arme Region. Um die Ernährung der Bevölkerung zu sichern, wurden bereits im Mittelalter gezielt Kastanien gepflanzt; im 16. Jahrhundert war die Kastanie zum vorherrschenden Baum der Bergregion geworden. Der „Brotbaum" stillte nicht nur tagein, tagaus den Hunger der Gebirgler, sondern auch den ihrer Tiere. Gelagert wurden die Esskastanien in der „Cleda", zweistöckigen Speichern am Haus oder mitten im Hain, in denen bis zu zehn Tonnen Kastanien getrocknet werden konnten. Mehr als 200 Kastaniensorten wuchsen einst in den Cevennen. 1875 vernichtete die Tintenkrankheit große Bestände; in den 1950er-Jahren zerstörte der aus den USA eingeschleppte Rindenkrebs viele Bäume. Heute pflegt die Nationalparkverwaltung die alten Haine.

Die Arme-Leute-Frucht hat längst als Spezialität Karriere gemacht, das Holz als begehrtes Baumaterial. Alles wurde einst verwendet: Aus den Ästen entstanden Körbe, das Laub diente im Stall als Einstreu, die Maroni sogar in manchen Tälern als Zahlungsmittel. Von der Wiege bis zum Grab begleitete die Kastanie das Leben der „Cévenoles" – und prägte ihre Sitten und Kultur. Bei „Afachadas", dem Rösten der Frucht,

Eine Flussschleife aus längst vergangener Zeit: Blick in den Cirque de Navacelles in der Montagne de la Seranne

Auch der Hérault hat manche Schlucht in den Kalk gefräst, den verzweigte Tropfsteinhöhlensysteme durchziehen. Eine ist die Grotte de Glamouse bei St-Guilhem-le-Désert.

Cevennen-Landschaft des Mont Lozère – hier bei Le-Pont-de-Montvert oberhalb der Nationalstraße 106

Wanderungen

Special

Dem Kummer davonlaufen

Robert Louis Stevenson litt 1878 unter Liebeskummer – und sah als einzigen Ausweg eine Wanderung durch die Cevennen.

Fasziniert vom Volksaufstand der Camisarden, begann der aus Paris kommende 27-Jährige mit seinem Packesel Modestine und einem Buch über die Geistlichen des „Désert“ im Gepäck am 22. September 1878 bei Le Puy seine Wanderung. Zwölf Tage lang marschierte der Autor der „Schatzinsel“ durch das Zentralmassiv und die herbe Landschaft der Margeride, folgte dem Pilgerweg Voie Régordane und erreichte schließlich in St-Jean-du-Gard die „Cevennen der Cevennen“. Seinen Spuren folgt heute als „Stevenson-Weg“ der 252 Kilometer lange Grand Randonnée N°70 – wie einst können Esel zum Gepäcktransport gemietet werden.

wurden am Feuer Geschichten erzählt. Liebespaare nutzten hohle Bäume als Briefkasten; während der hugenottischen Camisarden-Kriege hielten die Aufrührer ihre konspirativen Treffen im Schutz der Kastanienhaine ab.

Als „Goldbaum“ galt der Maulbeerbaum, der die Cevennen im 18. Jahrhundert zum Zentrum der Seidenraupenzucht machte. Wegen mangelnder Hygiene wurden die Seidenraupen jedoch bald von der sich schnell ausbreitenden Fleckenkrankheit befallen. Als Louis Pasteur 1867 ein Gegenmittel fand, war es zu spät: Die Industrie importierte den Rohstoff für die Seidenherstellung bereits aus China und Japan.

Das Reich der Schafe

Die unvermittelt im Westen aufsteigenden Kalkebenen der Causses, gnadenlos heiß unter der Sommersonne, windgepeitscht und eisig im Winter, sind das Reich der Schafe. Ihr Fleisch wird von Gourmets geschätzt, ihre Milch reift in Höhlen zum Roquefort-Käse, ihre Wolle wird im Tarntal gesponnen, ihre Häute in feinste Jacken, Taschen und Handschuhe verwandelt. Tief haben sich die Schluchten von Tarn, Jonte und Dourbie in die wilde Karstlandschaft eingeschnitten und vier eigenständige Causses geschaffen.

Der Causse du Larzac war über Jahrhunderte in den Händen des Templer- und Hospitaliterordens, der 1240 die Komturei von St-Eulalie-de-Cernon gründete. Später dehnten die Soldatenmönche ihre Macht nach La Couvertoirade, La Cavalerie und Viala-du-Pas-de-Jaux aus. Gezielt förderten sie die Land- und Viehwirtschaft, um ihre Kreuzzüge zu finanzieren. Geschicktes Wirtschaften, aber auch Schenkungen geneigter Gönner verhalfen zu Wohlstand. Während weiter südlich die Katharer verfolgt wurden, stiegen die Templer zu den Bankiers des Königreiches auf. Doch auch hier sorgte der Erfolg rasch für Neider, üble Nachrede machte die Runde. Am 14. Oktober 1307 wurden sämtliche Templer verhaftet und verurteilt; 1312 wurde der Orden aufgelöst und der Großmeister Jacques de Molay auf der Île de la Cité in Paris lebendig verbrannt. Die Besitzungen der Templer gingen nicht an die Krone, sondern an die Johanniter, die bis 1792 auf dem Causse du Larzac herrschten – und während des 100-jährigen Krieges gegen England die fünf Templerorte zu Festungen ausbauten.

Brücke der Superlative

Bindeglied zwischen den Bergen der Cevennen und den Hochflächen der Causses ist eine Brücke der Superlative:

Auch in kleinen Orten ist leibliches Wohl sichergestellt: St-Guilhem-le-Désert in den Gorges de l'Hérault.

Vorbei an St-Guilhem-le-Désert führt der Pilgerweg Via Tolosana, eine französische Route des Jakobswegs.

Spröder Charme prägt die Cevennen-Orte, so auch St-Guilhem-le-Désert, das sich um eine zu Beginn des 9. Jahrhunderts gegründete Abtei schart.

das Viadukt von Millau – mit 2,4 Kilometern längste und höchste Hängebrücke der Welt, eine gewaltige Konstruktion aus 36 000 Tonnen Stahl und 85 000 Kubikmeter Beton, die auf sieben Pylonen leicht und filigran im Wolkenmeer über dem Tarntal zu schweben scheint. Ihr Architekt war Sir Norman Foster, Bauträger die von Gustave Eiffel gegründete Firma Eiffage. Sie übernahm auch die Baukosten von 400 Millionen Euro – und erhielt im Gegenzug für 75 Jahre eine Mautkonzession. Im Dezember 2004 wurde die neue Brücke eingeweiht. Seitdem ist sie ein Besuchermagnet.

Die unvermittelt im Westen aufsteigenden Kalkebenen der Causses, gnadenlos heiß unter der Sommersonne, windgepeitscht und eisig im Winter, sind das Reich der Schafe.

Tief im Tal liegt Millau, Frankreichs Hauptstadt für Handschuhe, wo im frühen 20. Jahrhundert rund 150 „Gantiers“ etwa fünf Millionen Paar herstellten. Heute haben nur wenige glanzvolle Namen überlebt: Olivier Fabre, Lieferant für Hermès und Dior, und die 1892 gegründete Maison Causse, die Hermès, Chanel, Louis Vuitton, Givenchy, Longchamp und Christian Lacroix jährlich mit 25 000 Paar Handschuhen versorgt – von Hand genäht aus Nubuk-, Python-, Krokodil- oder Pekari-Leder und der Lammhaut der heimischen Lacaune-Schafe. Auf die Modelle der Maison Causse schwört neben Madonna auch Karl Lagerfeld, der gleich 200 Modelle seiner fingerkuppenfreien Handgeschirre namens „Mitaines“ orderte – für den persönlichen Gebrauch.

ROQUEFORT

König Käse

Ein Hirte vergaß in der Hoffnung auf ein Schäferstündchen sein belegtes Brot – und erfand so Frankreichs berühmtesten Käse: den Roquefort. Diderot und Voltaire schätzten den königlichen Stinker, Casanova lobte ihn als Aphrodisiakum.

Käse, wohin man schaut: Roquefort-sur-Soulzon

Es geschah vor mehr als 2000 Jahren: Ein Hirte, der sein Mittagsmahl gerade in eine Felsgrotte gelegt hatte, um es frisch zu halten, bemerkte ein junges, wunderschönes Mädchen. Tagelang folgte er ihr – bis sie plötzlich am Horizont der Hochebene verschwand. Als er zur Grotte zurückkehrte, war das Roggenbrot verschimmelt, sein Käse von zartgrünen Äderchen durchzogen. Doch da er hungrig war, probierte er den Käse. Und war begeistert: Sein einfacher Schafskäse hatte sich in eine Köstlichkeit verwandelt. Schon Karl der Große aß ihn, später probierten ihn auch Rabelais, Diderot und Voltaire.

Das Geheimnis des Höhlenkäses

Mythos und Tradition umgeben bis heute die Herstellung des Edelpilzkäses – moderne industrielle Methoden sind den traditionsbewussten Käsemachern ein Dorn im Auge. Als vor 200 000 Jahren das Combalou-Gebirge zusammenstürzte, entstand ein rund zwei Kilometer langer Felssturz, dessen Höhlen und Grotten bis in 300 Meter Tiefe reichen. Diese natürlichen Höhlen, zu Veredlungskellern ausgebaut, bergen das Geheimnis des Roqueforts: Das ganze Jahr hindurch zieht dank der Felsspalten, von den Einheimischen „Fleurines“ genannt, Luft durch die Keller.

Besondere Kriterien gelten bei der Herstellung auch für die verwendete Schafsmilch. Sie muss von den Lacaune-Schafen stammen, jenen Schafen, deren Fell auch für die Handschuhherstellung in Millau verwendet wird, die im Umkreis von rund 200 Kilometern rund um das Dorf Roquefort in den Départements Aveyron, Lozère, Gard, Hérault und Tarn auf der Causse du Larzac grasen. Jedes Muttertier gibt jedoch nur von Januar bis Juli Milch – danach beginnt die Tragezeit. So ist auch die Käseproduktion auf diesen Zeitraum beschränkt. Während im März mit 3000 Tonnen die Herstellung auf Hochtouren läuft, ruhen von August bis Dezember die Maschinen.

Neben der Rohmilch, die mit 7,2 Prozent deutlich fettreicher als Kuhmilch ist, wird ein Pilz namens Penicillium roqueforti zur Käseherstellung benötigt. Dieser Pilz wird bis heute so kultiviert, wie es die Legende überliefert hat: auf Roggen- und Weizenbrot. Seine Sporen werden der

Käse in seiner vielfachen Erscheinungsform ist eine Wissenschaft für sich – und ein herzhafter Genuss, ob zwischendurch zu einem Glas Wein oder als wesentlicher Bestandteil einer Mahlzeit.

auf 32°C erhitzten Milch zugegeben. Nach rund zwei Stunden ist sie zu einer Käsemasse geronnen, die mit einer Käseharfe in Würfel zerschnitten wird. Der Käsebruch wird umgerührt, von der Molke getrennt, und in Käseformen gefüllt und gepresst. Im 18°C warmem Abtropfraum entweicht zwei Tage lang Flüssigkeit, bevor der Laib mehrmals mit Meersalz eingerieben wird. Diese Vorarbeiten erfolgen in zahlreichen Molkereien der Region. Zum echten Roquefort wird der Laib jedoch erst in den Höhlen von Roquefort, in die er zum Reifen gebracht wird.

„Oh, wie ausgezeichnet …, um die Liebe wiederherzustellen und eine keimende Liebe rasch zur Reife zu bringen", schwärmte Casanova.

In eine dicke, geschmeidige Zinnfolie eingepackt, können die Schafsmilchkäselaibe ganz in Ruhe reifen.

Ein königlicher Stinker

Wenn sie ankommen, sind die Laibe noch weiß und fest. Zum Belüften werden sie mit 32 dünnen Nadeln durchstoßen. Es entstehen dabei feine Kanäle, durch die bei der Fermentation Kohlensäure entweichen und die Kellerluft in die Käse eindringen kann. Ihre frische, gleich bleibende Temperatur von 8 bis 10 °C und eine relative Luftfeuchtigkeit von 95 Prozent bieten dem Roquefortpilz ideale Bedingungen, den Käse gleichmäßig zu durchdringen. Aufrecht in Eichenregale gestellt, reifen so die Laibe drei bis vier Wochen lang. Danach wird der Käse von Hand in eine dicke, geschmeidige Zinnfolie gewickelt. Von der Umgebungsluft isoliert, wird das Wachstum des Schimmelpilzes gebremst, und der Roquefort erhält seinen vollmundigen, würzigen Geschmack.

Je nach Lagerzeit werden drei Sorten unterschieden: Der „Abeille" ist nach fünf Monaten ausgereift, der „Templiers" nach sechs, für den „Baragnaudes" beträgt die Reifezeit acht Monate. Exportiert wird jedoch nur die Sorte „Cave Abeille" – die beiden anderen vertragen keinen weiten Transport. Doch wie unvergleichlich köstlicher sie schmecken, zeigt der Kellermeister am Ende des Rundgangs bei der Verkostung mit süffig-süßem Sauternes.

An der Nordseite der kalkigen Hochebene zwischen dem Massif Central und dem Mittelmeer reift eine regionale Variante des Roqueforts: der Bleu des Causses. Er wird seit dem 19. Jahrhundert aus Kuhmilch – statt Schafsmilch – hergestellt. Auch durch seine Höhlen ziehen feuchtkalte Luftströme, die den Käse aufblühen lassen und ihm einen milden, aber intensiven Geschmack verleihen.

Fakten & Informationen

Der Name „Roquefort" ist seit 1863 geschützt, 1925 erhielt er als erster Käse das AOP-Prädikat – dieses Gütesiegel (früher AOC genannt) wurde bisher nur 45 Käsespezialitäten (www.fromages-aop.com) in Frankreich verliehen.

Caves Roquefort Société
2, Avenue Frédéric Galtier, F-12250 Roquefort-sur-Soulzon,
Tel. 05 65 59 93 30, **www.visite-roquefort-societe.com**,
Aug. 9.30–18.00, sonst 9.30/10.00–12.00,
13.30–16.30/17.00 Uhr, Erw. 5 €

Cave Papillon
8 bis, Avenue de Lauras, F-12250 Roquefort-sur-Soulzon,
Tel. 05 65 58 50 08, **www.visite-roquefort-papillon.com**,
16. Juli–31. Aug. tgl. 9.30–19.30, sonst kürzer, Eintritt frei

Roquefort Gabriel Coulet
Place de l'Église, F-12250 Roquefort-sur-Soulzon,
Tel. 05 65 59 90 21, **www.gabriel-coulet.fr**,
Juli, Aug. tgl. 9.00–19.30, Jan.–Juni, Sept.–Dez. 9.30–12.30,
13.30–17.30 Uhr, Eintritt frei

Rührei mit Roquefort – hier delikat verpackt in hauchdünnem, aus der türkischen Küche bekannten Filloteig.

Parc National
Mont Lozère
Montagne du Bougès
Causse de Sauveterre
Causse de Séverac
Causse Méjean
Causse Noir
Causse du Larzac
Parc Naturel Régional des Grands Causses
Plateau du Lévezou
Plateau de Guilhaumard
Montagne du Lingas
Cévennes
Montagne de la Séranne
Montagne de la Fage
Corniche des Cévennes
Gorges du Tarn
Gorges de la Jonte
Gorges de la Dourbie
Mont Aigoual
Florac
Millau
Meyrueis
Le Vigan
Ste-Enimie
Sévérac-le-Château
St-Jean-du-Gard
St-Hippolyte-du-Fort
Roquefort-sur-Soulzon
La Cavalerie
Nant
Le Caylar
La Couvertoirade
Montdardier
St-Affrique
Peyreleau
Pic de Cougouille
Tour d'Aiguillon
Roc Nantais
Pic Cassini
Sommet de Finiels
Roc des Hourtous
Chaos de Montpellier-le-Vieux
Aven Armand
Grotte de Dargilan
Grotte des Demoiselles
Cirque de Navacelles
Puech d'Alluech
Mont Mars
Maßstab 1:390.000
0
5
10km
1
2
3
4
5
6
7
8
9
10
11
12
13
14
15
16
17
18

Frankreichs wilder Süden

„Midi moins le quart“, noch nicht ganz im Süden, liegt das Bergland der Cevennen mit seinen schroffen Gipfeln, tiefen Tälern, grünen Wiesen und ausgedehnten Wäldern. Im Westen schließen sich die Hochflächen der Causses an – Heimat der Tempelritter, die von dort zu Kreuzzügen ins Heilige Land aufbrachen.

1 Millau

An der Mündung der Dourbie in den Tarn lag zu Römerzeiten das Töpferzentrum Graufesenque. Im Mittelalter begann die Handschuh-Herstellung. Heute ist die Welthauptstadt der Fingerbekleidung (22 013 Einw.) eher für ein Bauwerk bekannt: den Viaduc de Millau – die höchste und längste Schrägseilbrücke der Welt.

SEHENSWERT

Der von Lord Norman Foster entworfene **Viadukt** überquert in 270 m Höhe im Verlauf der A 75 das Tarntal und lässt sich auf vielen Wegen entdecken: bei einer Bootsfahrt zum Felsendorf Peyrre und zum höchsten Brückenpfeiler P2 mit Les Bateliers du Viaduc (www.bateliersduviaduc.com), bei technischen Führungen ab dem Besucherzentrum Viaduc Espace Info oder der Brückenausstellung in der Halle Millau Viaduc (Place de la Capelle).

MUSEEN

Lederverarbeitung hat eine lange Tradition in Millau. Einblicke vermitteln das **Atelier du Gantier** (21, rue Droite, Mo.–Fr. 9.00–12.00, 14.00–19.00 Uhr, www.atelierdugantier.fr, Vorführungen nach Voranmeldung: contact@atelierdugantier.fr), der Familienbetrieb **Calvi-Millau** (14, Impasse de la Paulèle, Mo.–Sa. 9.00–12.00, 14.00–18.30 Uhr, www.calvimillau.fr, Vorführungen nach Voranmeldung: calvi.millau@wanadoo.fr), **Maison Causse** (5, bd. des Gantiers, Mo.–Fr. 9.30–12.00, 14.00–19.00 Uhr, www.causse-gantier.fr, Vorführungen nach Voranmeldung: info@causse-gantier.fr), **Héran Industry** (35 avenue Gambetta, Juni–Sept. Di., Do. 9.00–12.00, 14.30–17.30 Uhr, www.gantsequipementsprotectioncuir.com, nach Voranmeldung unter Tel. 05 65 60 15 33 oder heran.industry@wanadoo.fr), **Maison Fabre Gantier** (20, bd. Gambetta, Do. 14.30 Uhr, www.maisonfabre.com) und das **Musée de Millau** (Place du Maréchal Foch, tgl. 10.00–12.00, 14.00–18.00 Uhr, www.museedemillau.fr, Erw. 5,50 €).

AKTIVITÄTEN

Millau ist Frankreichs Outdoor-Hauptstadt. Für Adrenalinkicks sorgen Klettersteige, Wildwasserfahrten auf Tarn und Dourbie, 400 km Rad-

Wundersamer Süden: La Couvertoirade, einer der alten Templerorte (oben), Tarn-Tour mit der Barke (oben rechts), Lederhandschuhe (rechts)

wege für Mountainbiker, 650 km Wanderwege sowie die 1200 km Reitwege im Aveyron. Gleitschirm- und Drachenflieger starten am Pouncho d'Agast am östl. Stadtrand.

EINKAUFEN

Lederhandschuhe gibt es bei Causse Gantier (5, boulevard des Gantiers, www.causse-gantier.com), Calvi Millau (14, impasse de la Paulèle, www.calvimillau.fr) und im Atelier du Gantier (21, rue Droite, www.atelierdugantier.fr).

HOTELS UND RESTAURANTS

Am Ortsausgang von Millau Richtung Viadukt bietet das €€ **Château de Creissels** nostalgische Zimmer im Schloss (17. Jh.), moderne im Anbau sowie leckere regionale Küche im €/€ € Gewölbekeller (Route de St-Affrique, F-12100 Creissels, Tel. 05 65 60 16 59, www.chateau-de-creissels.com). Willkommen im 15. Jh. – im € € **Manoir de Montesquiou** wird im Ritterzimmer oder in der Kemenate der Comtess geschlafen (F-48210 La Malène, Tel. 04 66 48 51 12, www.manoir-montesquiou.com). Solide und sauber ist der Landgasthof € **Auberge du Moulin**; die vorzügliche € /€ € Küche mundet besonders gut auf der Terrasse mit Blick auf den Tarn (F-48210 Ste-Enimie, Tel. 04 66 48 53 08, www.aubergedumoulin48.com).

UMGEBUNG

Fachwerkhäuser mit Erkern, Steine mit Ornamenten, kunstvolle Türen und Überreste von Türmen und anderen Zeugnissen der gallo-römischen Siedlung Condatomagus am Zusammenfluss von Tarn und Dourbis lassen sich 2 km südl. in der Ausgrabungsstätte **Graufesenque** besichtigen (Avenue Balsan, www.lagraufesenque.com, Juli, Aug. Di.–So. 10.00 bis 12.30, 14.30–19.00, Mai, Juni, Sept. Di.–So. 10.00–12.00, 14.00–18.00 Uhr, sonst Di.–So. 10.00–12.00, 14.00–17.00 Uhr, Erw. 4,30 €). 20 km südl. liegt **Roquefort-sur-Soulzon**, die Heimat der weltbekannten Käsesorte (s. S. 46). In die faszinierende Welt der Insekten entführt

Micropolis (St-Léons, 15 km nordw. an der D 911, www.micropolis-aveyron.com, Juli/Aug. tgl. 10.00–19.00, April–Juni bis 18.00, sonst bis 17.00 Uhr, Mitte Nov.–Mitte Feb. geschl., ab 12 Jahre 13,60 €).

Die **Gorges du Tarn** nordöstl. von Millau gehören zu den schönsten Flusslandschaften Frankreichs. Bis zu 400 m tief hat sich der Tarn auf 80 km Länge in die Karstebenen der Causses gegraben. Kurvig windet sich die D 907 bis am rechten Flussufer durch die Schlucht. Deren Eingang bewacht das Château de Peyrelade (12. Jh.), dessen Mauern mit dem Fels verschmolzen zu sein scheinen (Boyne, Tel. 05 65 59 74 28, Führungen Mitte Juli–Mitte Aug. tgl. 10.00–18.00, Juni–Mitte Juli, Mitte Aug. bis Mitte Sept. tgl. 10.00–12.00 und 14.00–18.00 Uhr, Erw. 4 €). Bei Les Vignes klettert die D 995 hinauf zum Point Sublime und bietet Ausblicke auf die Tarnschlucht, den Talkessel Cirque des Baumes und die „Détroits" genannten Engen. Weitere Aussichten bieten sich vom Roc des Hourtous und Roc de Serre am linken Ufer. In La Malène lädt die letzte französische Flussschiffer-Genossenschaft „Confrérie de Bateliers" zur Barkenfahrt auf dem Tarn (Les Bateliers de la Malène, La Malène, Tel. 04 66 48 51 10, www. gorgesdutarn.com, April–Okt.).

INFORMATION

Office de Tourisme, 1, place du Beffroi, F-12103 Millau Cedex, Tel. 05 65 60 02 42, www.millau-viaduc-tourisme.fr
Office de Tourisme Gorges du Tarn, F-48210 Ste-Enimie, Tel. 04 66 48 53 44, www.gorgesdutarn.net

2 – 6 Templerorte

Auf der kargen, windzerzausten Hochfläche von Larzac haben Templer und Johanniter ihre Spuren hinterlassen. Ihre Burgstädte sind Kleinode mittelalterlicher Kultur, in denen die Zeit der Kreuzzüge wieder lebendig wird. Zu den Stätten führt die Rundroute „Circuit du Larzac templier et hospitalier".

Tipp

GPS-Schatzsuche

„Code LTH Code 007": Neugier, Hirnschmalz und Abenteuergeist sind gefragt bei dieser Schnitzeljagd per GPS. Nur 48 Stunden bleiben, um den Code zu knacken und in die Geschichte einzutauchen. Die Verstecke, alles Stätten der Tempelritter auf dem Larzac, werden mithilfe eines GPS-Empfängers gesucht.

Conservatoire Larzac Templier et Hospitalier, www.conservatoire-larzac.fr

Landschaft der Causse du Larzac

SEHENSWERT

Die einstige militärische Macht der Templer spiegelt 2 **La Couvertoirade** am besten wider, das noch von einer begehbaren Stadtmauer mit vier Türmen umschlossen wird (www.lacouvertoirade.com, Juli, Aug. tgl. 10.00–19.00, April bis Juni, Sept., Okt. tgl. 10.00–12.00, 14.00–18.00, März tgl. 10.00–12.00, 14.00–17.00 Uhr, Erw. 3 €). Steile Treppen im Fels führen zur Église St-Christophe (14. Jh.), zum Friedhof und zur Schlossruine der Templer (12. Jh). Hinter dem Dorf befindet sich eine der schönsten Schafstränken (Lavogne) der Umgebung. In der Restaurierung befinden sich die Stadtmauer und der alte Kern von 3 **La Cavalerie** (www.lacavalerie.fr), einer Templerstadt an der antiken Nord-Süd-Achse über das Hochplateau zu den Mittelmeerhäfen. Alle landwirtschaftlichen Erzeugnisse der Templer wurden ab 1159 in 4 **Ste-Eulalie-de-Cernon** (www.ste-eulalie-larzac.com) verwaltet. Ein Besuch der Komturei zeigt, wie die schmucklose Nüchternheit der Templerbauten der repräsentativeren Architektur der Johanniter wich. In 5 **Viala-du-Pas-de-Jaux** (http://vialadupasdejaux.e-monsite.com) wurde während des 100-jährigen Krieges statt einer Wehrmauer ein fünfstöckiger Wehrturm gebaut. Die Stadtmauer von 6 **St-Jean-d'Alcas** (www.tourisme-stjeanstpaul.fr) bot zwei Straßen mit fast identischen Häusern Schutz.

MUSEUM

Den Ehrensaal der **Commanderie** von Ste-Eulalie-de-Cernon schmücken Wandteppiche von Anne-Marie Letort, die anderen Räume Wappen, Gewänder und Hausrat der Tempelritter (www.ste-eulalie-larzac.com, Juli/Aug. tgl. 10.00–19.00, Ostern–Juni, Sept., Okt. tgl. 10.00 bis 12.00, 14.00–18.00 Uhr, Erw. 4 €).

AKTIVITÄTEN

Zwei stillgelegte Gleise (4 km/8 km) mit Ausblicken auf das Cernon-Tal lassen sich mit dem **Vélorail du Larzac** befahren (Ste-Eulalie-du-Cernon, www.veloraildularzac. com, April–Okt., Reservierung empfohlen). Angeboten werden auch Führungen auf den Spuren der Tempelritter (www.conservatoire-larzac.fr). Auf den Causses gibt es viele mehr als 4000 Jahre alte **Menhire und Dolmen**. Auf dem Causse du Sauveterre führt ein 17 km langer Rundweg durch die Einsamkeit zu den Dolmen. Ein zweiter, 13 km langer Wanderweg leitet durch das angrenzende herbe Gebirge des Mont Lozère nach Les Bondons, wo 154 Menhire stehen.

EINKAUFEN

Mundgeblasene Glas-Objekte gibt es bei **Verre Jas** (La Couvertoirade, Tel. 05 65 62 20 87).

HOTEL UND RESTAURANT

In der **€ /€ €** Gaststube prasselt das Kaminfeuer, im Teller dampft eine „Garbure", Komfort und Ruhe prägen die vier Zimmer – die **€ Auberge La Cardabelle** ist urgemütlich (F-12230 Ste-Eulalie-de-Cernon, Tel. 05 65 62 74 64, www. auberge-la-cardabelle.com).

INFORMATION

Office du Tourisme – Larzac et Vallées, F-12230 La Couvertoirade, Tel. 05 65 62 23 64, www.tourisme-larzac.com, Parc Naturel Régional des Grands Causses, 71, boulevard de l'Ayrolle, F-12101 Millau Cedex, Tel. 05 65 61 35 50, www.parc-grands-causses.fr

7 – 17 Cevennen

Der 3213 km² große Parc National des Cévennes schützt seit 1970 die Schluchten, Wälder und Plateaus der Causses. Höchste Erhebungen sind der Mont Lozère (1700 m) und der Mont Aigoual (1567 m).

SEHENSWERT

Zwischen dem Causse du Larzac und dem Causse de Blandas hat der Fluss Vis tiefe Schluchten ins Kalkplateau gegraben. Eine Schleife wurde vor rund 6000 Jahren abgeschnitten – der Fluss stürzte dort als Wasserfall über die Klippe: Es entstand der 7 **Cirque de Navacelles** TOPZIEL. Der beste Blick bietet sich vom 3 km entfernten Belvedère de Blandas. Zum 16 **Mont Aigoual**, im 19. Jh. aufgeforstet, windet sich die D 48/18/269 als 15 km lange Panoramastrecke mit dem Aussichtspunkt Belvédère de la Cravate. Toll ist die Fernsicht vom Gipfel (1567 m), dessen Wetterstation ein Museum (Mai–Sept. 10.00–19.00 Uhr, www.aigoual.asso.fr, Eintritt frei) mit Messgeräten, -daten und Fotos von vor der Wiederaufforstung birgt. Typische Cevennendörfer sind 14 **Vialas** und 15 **Mas Camargues** (nördl. Le Pont-de-Montvert), schön ist auch 8 **Montdardier** am Causse de Blandas. In 10 **St-Laurent-le-Minier** wurden ab dem Mittelalter Gold und Silber, Kupfer, Blei, Eisen und Zink abgebaut. Faszinierend ist die Unterwelt der Causses, wo Sickerwasser und Flüsse Höhlen geschaffen haben. Mit einer offenen Drahtseilbahn geht es hinab zur 11 **Grotte des Demoiselles**

(St-Bauzille-de-Putois, Tel. 04 67 73 70 02, www.demoiselles.com, Juli/Aug. tgl. 10.00–19.30, April–Juni, Sept. tgl. 10.00–19.00, März, Okt. Mo.–Sa. 14.30–18.00, So. 10.00–18.00, Nov. bis Feb. Mo.–Sa. 14.00–17.30, So. 10.00–17.30 Uhr, Erw. 10,30 €). Die rund 1600 m lange Tropfstein- ⑰ **Grotte de Dargilan** TOPZIEL wird wegen ihrer Rottöne auch „rosa Grotte" genannt (Meyrueis, Tel. 04 66 45 60 20, http://grotte-dargilan.com, Juli/Aug. tgl. 10.00–18.00, April–Juni, Sept. tgl. 10.00–17.00, Okt. tgl. 10.00–16.00, Herbstferien tgl. 14.00–16.00 Uhr, barrierefreie Besichtigung „3eme âge", Erw. 9,50 €). In der nördl. gelegenen **Aven Armand** ragen 400 Stalagmiten auf; der längste ist 30 m hoch (Meyrueis, Tel. 04 66 45 61 31, www.aven-armand.com, Juli/Aug. tgl. 9.30–18.00, März–Juni, Sept.–Nov. tgl. 10.00–12.00, 13.30 bis 17.00 Uhr, Erw. 11,50 €).

MUSEEN

Der Esskastanienanbau, die Seidenraupenzucht und andere alte Wirtschaftszweige dokumentiert das **Musée Cévenol** in ⑨ Le Vigan (1, rue des Calquières, Tel. 04 67 81 06 86, Juli/Aug. Mi. bis Mo. 10.00–13.00, 15.00–18.30, Apr.–Juni, Sept./Okt. Mi.–Fr. 10.00–12.00, 14.00–18.00 Uhr, www.levigan.fr, Erw. 5 €). Das **Musée de la Soie** in ⑫ **St-Hippolyte-du-Fort** erläutert die Seidenherstellung; man kann sich auch selbst in der Seidenzucht versuchen – die Eier werden Ende April verkauft und auch per Post versandt (Place du 8 Mai, Tel. 04 66 77 66 47, www.museedelasoie-cevennes.com, Juli/Aug. Di.–So. 10.30 bis 12.30, 14.00–18.00 Uhr, Juli/Aug. tgl., Erw. 5,50 €). In die Vergangenheit des Bergbaus entführt die Mine Témoin (Chemin de la Cité Sainte-Marie, Alès, wegen Überflutung bis 2016 geschlossen, www.mine-temoin.fr).

AKTIVITÄTEN

Durch den Park führen fünf **Großwanderstrecken** (GR), der Themenweg „Auf den Spuren Stevensons in den Cevennen", die „Rundtour auf dem Causse Mejean" und kürzere Wege. Geführte Ausritte, u. a. des Reiterhofs Cheval Vert (Arrigas, westl. von La Vigan, Tel. 04 67 82 05 59, www.chevalvert.com) sind möglich. Badestellen bieten das Vis-Tal und die Tessonne.

HOTEL UND RESTAURANT

Françoise du Luc hat ihren Familiensitz € **Château Massal** für Gäste geöffnet und empfängt sie zum Apéritif im Salon. Die vier Zimmer im Turm sind komfortabel und charmant (Le Luc, F-30120 Bez-et-Esparon, westl. Le Vigan, Tel. 04 67 81 07 60, www.cevennes-massal.com). Regionales wie Pélardon, süße Zwiebeln und Esskastanien verarbeitet Sirma Bamassé im €€/€€€ **Le Jardin** (10, rue du Four, F-30120 Le Vigan, Tel. 04 67 81 28 96).

INFORMATION

Parc National des Cévennes, www.cevennes-parcnational.fr; Office de Tourisme des Cevennes Meridonales, Maison de Pays, Place du Marché, F-30123 Le Vigan, Tel. 04 67 81 01 72, www.cevennes-meridionales.com

Genießen Erleben Erfahren

DuMont Aktiv

In den Gorges du Tarn

Der 380 Kilometer lange Tarn, der auf dem Hochplateau des Mont Lozère entspringt und bei Moissac in die Garonne mündet, ist berühmt für seine Schluchten, die sich nördlich von Millau in den Fels gegraben haben – zwischen Ste-Enimie und Le Rozier erreichen die steilen Felswände Höhen von bis zu 400 Meter.

Besonders beeindruckend zeigen sich die Tarn-Schluchten auf einer Paddeltour, die je nach Pegelstand von Ostern bis Oktober möglich ist. Ausgangspunkt ist ⑱ Ste-Enimie. Die Tagestour kann beliebig verkürzt oder verlängert werden – alle Bootsvermieter bringen die Ausflügler mit ihren Leihkanus mit Kleinbussen zurück zum Ausgangsort, ein Anruf genügt!

Ein idealer Einsatzort ist beim Campingplatz von Ste-Enimie am Flusskilometer 60. Durch ruhiges Wasser (Schwierigkeitsgrad Wildwasser I, unschwierig) geht es bis zum 13 Kilometer entfernten Wehr, das Könner überfahren – die anderen umtragen ihr Boot links. Bei Flusskilometer 73,3 beginnen die eigentlichen „Gorges du Tarn" – und damit auch die kommerzielle Barkenfahrt. Bei Pas de Souci (82,6 km) verschwindet das Wasser unter einem mächtigen Felssturz – hier sollten nur Könner ihr Boot bis zum Campingplatz (Km 84) umtragen und noch die 10 Kilometer lange Schwellstrecke (Wildwasser II, mäßig schwierig) genießen, Anfänger hingegen die Paddeltour beenden. Das offizielle Ende der Tarnschlucht ist dann bei Le Rozier (94,6 km) erreicht.

Weitere Informationen

Tourdauer
Ste-Enimie – Pas de Souci ca. 6 Std., Ste-Enimie – Le Rozier am besten als Zweitagestour fahren. Wem das nicht reicht, der paddelt weiter flussabwärts unter dem Viadukt von Millau hindurch bis St-Rôme-du-Tarn.

Leihkanus
Canoë Canyon, F-48210 Ste-Enimie, Tel. 04 66 48 50 52, www.tarn-canoe.com

Le Moulin de la Malène, Location de canoë, F-48210 La Malène, Tel. 04 66 48 51 14, www.canoeblanc.com

Auf ruhigen Abschnitten kann man wunderbar die Natur beobachten.

Boomtown an der Badeküste

Mit ungestümem Elan prescht die Hauptstadt des Languedoc-Roussillon in die Zukunft, jung und dynamisch wie ein großer Teil seiner Bevölkerung, der an der zweitältesten Universität des Landes studiert oder im Silicon Valley des Südens arbeitet. Vor der Stadt locken die Badestrände der Camargue, die Austernrestaurants in Sète und Wanderwege durch die nach Thymian und Rosmarin duftende Garrigue.

Im Glanz der Belle Epoque zeigt sich Montpellier an der Place de la Comédie.

Hinter der Fontaine des Trois Grâces ragt auf der Place de la Comédie Montpelliers Opernhaus auf, 1888 nach dem Pariser Vorbild errichtet.

Die ursprünglich barocke Proménade du Peyrou wird vom Château d'Eau begrenzt, einem „Tempel des Wassers". Letzteres wird seit bald 250 Jahren über einen Aquädukt herangeführt.

„On va faire l'œuf", ruft man sich in Montpellier zu: Treffen wir uns auf dem „Ei"! Spätestens nachts erkennt man, warum die zentrale Place de la Comédie ihren Spitznamen erhielt: Ein blaues Lichtband im Pflaster zeichnet hier die Eiform des ovalen Platzes nach. Straßencafés, Bistros, Bürgerhäuser der französischen Gründerzeit und die dem Pariser Vorbild nachempfundene Oper zieren seine Flanken, drei Grazien räkeln sich auf einem Bronzebrunnen aus dem Jahr 1776. Das ganze Jahr hindurch wird hier flaniert und geflirtet, ist der Stadtplatz Schauplatz der Selbstdarstellung und Schnittstelle zwischen Alt und Neu.

Gen Westen führen enge Gassen in das Gewirr der Altstadt mit ihren Szeneläden, Boutiquen und Restaurants, aber

Montpellier lockt mit seinem Mut zur Moderne wie keine andere Stadt Neubürger an.

auch manchen Hôtel genannten Stadtpalais mit verschwiegenen Innenhöfen, gen Osten verlaufen die Sträßchen durch den Shoppingkomplex Polygône zum neoklassizistischen Antigone-Viertel, mit dem der Katalane Ricardo Bofill die Innenstadt zum Flussufer des Lez verlängert hat. Gekonnt setzen brunnenbestandene Plätze und Grünflächen seine Monumentalbauten für die Regionalregierung, die Mediathek und das Olympische Bad in Szene; lassen Säulen und Kapitelle kaum ahnen, dass die opulenten Gebäude Sozialwohnungen verbergen. Zu pompös, verurteilen Kritiker das Viertel. Prachtvoll, schwärmen dagegen unverdrossen die anderen. Montpellier sieht die Diskussion gelassen – und lockt mit seinem Mut zur Moderne wie keine andere Stadt in Frankreich Neubürger an.

Enge Gassen sind charakteristisch für die Vieux Quartiers von Montpellier.

Zu Ehren Ludwigs XIV. errichtet, der Montpellier leiden ließ: Triumphbogen von 1693

Montpellier monumental: Antigone mit Bofill-Architektur

Am westlichen Stadtrand von Montpellier liegt seit wenigen Jahren eines der modernen Viertel: Odysseum repräsentiert die Welt der urbanen Freizeit und des „Fun-Shopping".

Das Musée Fabre gehört zu den bedeutenden Kunstmuseen Frankreichs.

Klassizistische Vorbilder sind klar erkennbar: Antigone.

Zum Odysseum gehört auch das Aquarium Mare Nostrum.

Mit immer neuen Vierteln breitet sich die Boomtown stetig weiter in Richtung Mittelmeer aus.

Besonders die Jugend zieht es in die Stadt. Und das nicht erst seit heute, sondern seit fast 800 Jahren. Schließlich ist Montpellier die zweitälteste Universitätsstadt des Landes – und darüber hinaus Sitz der weltweit ältesten medizinischen Fakultät. 1220 wurde sie gegründet, zu Renaissancezeiten war François Rabelais ihr berühmtester Schüler. Der exzellente Ruf der Medizin reizte auch die Industrie: Euromédicine ist ein biomedizinischer Industriekomplex, Agropolis eine agrartechnologische Untersuchungsanstalt von Weltruf. Biotech und Medien, Informations- und Telekommunikationstechnologie lassen die Stadtkassen klingeln.

Mit immer neuen Vierteln, in denen gearbeitet, gewohnt, gefeiert, eingekauft und erlebt wird, breitet sich die Boomtown stetig weiter in Richtung Mittelmeer aus. Mit der Port Marianne, einer Wasserstadt für 50000 Menschen am Ufer des Rhône-Nebenflusses Lez, wollte Bofill Montpellier jüngst sogar zu einer Hafenstadt machen. Nicht eingeplant war bei diesem Vorhaben allerdings der heftige Widerspruch einer kleinen Kommune, die zwischen der Metropole und dem Meer gelegen ist: Sie hat der Stadt den Zugang zum Wasser verweigert – und damit Montpellier um den eigentlich begehrten Zusatz „sur Mer“ gebracht.

Der Étang de Thau ist die
Hochburg der Austernzucht.

Cap d'Agde ist eines der Ferienzentren am Golfe du Lion – hier der Strand La Plagette.

Schnurgerade durchzieht der Canal Royal die Altstadt des zweitgrößten Handelshafens Frankreichs am Mittelmeer:
Blick vom Mont St-Clair auf Sète.

Am Canal Royal hat sich Sète das Flair vergangener Zeiten bewahrt.

„Mit seinem Hafen, einem richtigen Canal Grande, ist es ein kleines, aber sehr lebendiges Venedig ohne jede historische Größe."

Wolfgang Koeppen 1961 über Sète

Urbane Urlaubswelten

So trennen weiterhin zehn Kilometer mit Schnellstraßen, Supermärkten, Gewerbegebieten, Flughafen und Flamingolagunen die Stadt von den flach ins Meer abfallenden Stränden, an denen der frühere Präsident Charles de Gaulle und sein Premier Georges Pompidou in den 1960er-Jahren den Startschuss zur touristischen Erschließung des Languedoc-Roussillon gaben.

Im aufkommenden Massentourismus der Nachkriegsjahre zog es auch die Franzosen im Urlaub an die Sonnenstrände Spaniens. Um diese „Touristenflucht" einzudämmen, wurde der exemplarische Bau von fünf Ferienstädtchen an der Küste des Languedoc-Roussillon beschlossen. 1962 begannen die ersten Planungen, im Folgejahr wurden einige der renommiertesten Architekten des Landes für diese Prestigeprojekte verpflichtet. Für den Ausbau des Ortes Leucate-Bacarès wurde Georges Candillis engagiert, für Gruissan gewann man Raymond Gleize und Edouard Hartané, für den südlichsten neuen Badeort namens St-Cyprien-Plage wurde Henri Castella verpflichtet. Jean Le Coutour zeichnete für Cap d'Agde verantwortlich, Jean Balladur schließlich erhielt den Auftrag zur Gestaltung von La Grande-Motte.

Das erste Gebiet, das von der Pariser Zentralregierung zur Umsetzung des Pilotprojektes angekauft wurde, lag in der weiten Bucht am Rande der L'Espiguette, einer amphibischen Landschaft mit salzverkrusteter Erde, sumpfigen Gewässern, nur wenig Vegetation, scheinbar endlosen Dünen und langen Sandstränden. Umgesetzt werden sollte die Vision des damals 40-jährigen Jean Balladur. Mit La Grande-Motte schuf der Freund Jean-Paul Sartres eine Stadt aus der Retorte für die Freizeitgesellschaft, funktionell – und architektonisch so überraschend, dass Balladurs Bauten bis heute die Wahrzeichen von „Florida Française" sind. Inspiriert von den Tempeln in Teotihuacan in Mexiko, ließ Balladur die zentralen Bauwerke des Badeortes in Form von Pyramiden anlegen – mal aufrecht, mal umgedreht, aber immer terrassenförmig. Später koordinierte Balladur den Bau von Port Camargue, der mit 4800 Liegeplätzen einer der größte Jachthäfen Europas und Stadtteil von Le Grau-du-Roi ist, das entlang des Hauptkanals ein Paradies für Nostalgiker bildet: Am Kai sind Sardinenkutter vertäut, Fischlokale servieren fangfrische Meeresfrüchte als „Fruits de Mer", ein kleiner Leuchtturm spiegelt sich in den Fluten, und in der Luft liegt das Kreischen der Möwen.

Das kleine Pézenas, zwischen Béziers und Montpellier gelegen, besitzt eine durchweg sehenswerte Altstadt, die geprägt ist von malerischen Plätzen und Innenhöfen sowie kleinen Lädchen – Kleinstadtatmosphäre pur.

Pézenas hält die Balance zwischen altehrwürdig und lebendig-jung: Das Hôtel de Lacoste mit seinem herrlichen Treppenaufgang und dem gotischen Innenhof beherbergte einst schon Ludwig XIV. – ein Plätzchen an der Sonne für eine Pause findet sich überall.

In der Ebene des Hérault reiht sich ein Weingut an das andere: Cave St-Martin-de-la-Garrigue bei Montagnac.

Spirituosen

Special

Der Klassiker

Italienischer Wermut ist fruchtig-süß – die Franzosen lieben es feinwürzig und trocken.
Frankreichs Klassiker heißt Noilly Prat. Seit 1813 wird er in Marseillan hergestellt. Grundzutat sind zwei Blancs de Blancs aus Clairette und Picpoul de Pinet, die zwölf Monate im Eichenfass ruhen, ehe sie ein Jahr lang Wind und Wetter ausgesetzt werden. Wie das den Wein verändert, ist unerforscht. Dann geht es für Monate zurück ins Trockene, ehe der Kellermeister ein „Mistelle" genanntes Destillat aus Samostrauben zufügt, den Mix mit Zitronen- und Himbeersaft abrundet, ihn mit 20 Kräutern und Gewürzen flirten lässt, das Ganze einmal täglich umrührt und dem jungen Noilly eine zehnmonatige Ruhe verordnet, ehe er gefiltert auf Flaschen gezogen wird.

Das Venedig des Languedoc

Ähnlich, aber unendlich größer ist Sète, das 1666 von drei Männern gemeinsam aus der Taufe gehoben wurde: Paul Riquet brauchte einen Umschlagsplatz am Ende des Canal du Midi, Ludwig XIV. einen Exporthafen samt Reede für die königlichen Galeeren – und Chevalier de Clerville fand den passenden Standort: die Landspitze von Sète. Die Zufahrt am Mittelmeer wurde mit der Môle St-Louis gesichert, die Verbindung zum Étang de Thau – und damit zum Canal du Midi – mit dem Canal Royal gewährleistet, der die Stadt bis heute teilt: in einen riesigen Hafenbereich und die quirlige, lebendige Ferienstadt, die sich rund um den Mont St-Clair ausbreitet.

Die Strandbereiche erleben seit der Jahrtausendwende ein millionenschweres Facelifting. Die vielbefahrene Straße nach Marseillan wurde dafür ins Hinterland verlegt, und endlich wurden Parkplätze an den Strandzugängen angelegt. Ergänzt von zwei Stadtstränden bilden „La Baleine", „Trois Digues", „Jalabert", „Castellas" und „Vassal" den zwölf Kilometer langen Lido von Sète, an den sich nahtlos die Strände von Marseillan anschließen. Das Gelenk zwischen Lido und City bildet das neue Villeroy-Viertel mit Luxusappartements, Promenade und Fahrradweg am Meer. Unterhalten werden die zahlungskräftigen Gäste mit einem Sommerprogramm, zu dem Animation und Party am Strand ebenso gehören wie das traditionelle Fischerstechen, mit dem der Hafen von Sète im Jahre 1666 eingeweiht worden war. Seit dem 18. Jahrhundert verraten die Barken den Ehestand der Männer, die sie rudern: Bei Ledigen ist das Boot blau, bei Verheirateten dagegen rot angestrichen.

Mekka für Austern-Freunde

Wie still ist dagegen der Étang de Thau, aus dessen spiegelglatter Wasseroberfläche die Seile und Tische der Austernzüchter ragen. 13 000 Tonnen Austern, zu 90 Prozent die pazifische Auster, werden in dem 21 Kilometer langen und acht Kilometer breiten Binnenmeer kultiviert und fangfrisch an seinen Ufern genossen. Am besten schmecken sie in den einfachen Straßenlokalen von Bouziques und Mèze, wo junge Männer von mittags bis spätnachts mit scharfen Austernmessern die Huîtres öffnen, auf Pappteller oder Metallplatten stapeln, Algen und Eis darum drapieren, Zitrone, Essig und Mayonnaise in kleine Schälchen füllen, frisches Baguette in einen Brotkorb werfen und den kühlen Weißen „Picpoul de Pinet" dazu servieren. Voilà! So leicht und unbeschwert kann südfranzösische Lebenslust sein.

WEIN

Das Geheimnis der Terroirs

Das Languedoc ist die aufregendste Weinregion Frankreichs. Die Landschaft im Südwesten lockt mit einer unvergleichlichen Vielfalt an „Terroirs" – und Winzern, die seit der Antike Weine wie flüssige Seide kreieren, kräftig und harmonisch.

Die Grenache-Traube gehört zu den traditionsreichen Rebsorten im Languedoc – hier auf dem Weingut Château la Mijeanne.

Bereits im 6. Jahrhundert vor Christus pflanzten griechische Siedler im Languedoc die ersten Rebstöcke. Zu Zeiten der Römer schickten Winzer aus der Provinz Gallia Narbonensis ihren Wein nicht nur nach Rom, sie exportierten ihre Tropfen bereits bis nach Germanien. Nach dem Niedergang des Römischen Reiches sorgten Mönche für neue Impulse, und bis heute entstehen in einst heiligen Hallen geistvolle Tropfen wie „Le Secrèt de Frère Nonenque". Dank engagierter Winzer erlebt das sonnenverwöhnte Languedoc – im 19. Jahrhundert zum Hauptproduktionsgebiet der „Gros Rouges", ehrlicher, alkoholreicher Landweine, geworden – eine wahre Wein-Revolution. Anbau, Verarbeitung und Vermarktung kamen auf den Prüfstand. Klasse statt Masse, hieß die Devise. Mehr als 100 000 Hektar Weinberge verschwanden; international erfolgreiche Gewächse gesellten sich zu alteingesessenen Sorten wie Grenache, Syrah, Mourvèdre, Cinsault und Carignan.

Viel Masse, viel Klasse!

Heute bildet das Languedoc gemeinsam mit dem benachbarten Roussillon mit 320 000 Hektar Rebfläche und 16 Millionen Hektoliter Wein pro Jahr nicht nur Frankreichs größtes Anbaugebiet, sondern auch sein wohl interessantestes: Zwischen Nîmes und Narbonne liegt Frankreichs Spielwiese für junge, ambitionierte Winzer, die Erfahrung mit Experimentierfreude paaren – und dabei geschickt die kontrastreiche Landschaft nutzen, die dem Languedoc eine einzigartige Vielfalt an „Terroirs" beschert: vom felsigen Fitou bis zum körnigen Picpoul, von den lehmig-kalkhaltigen Böden der Corbières bis zu den sandigen Böden an der Küste.

„L'art de faire parler le terroir" – die Kunst, den Boden zum Sprechen zu bringen, lautet das Credo der

Kritischer Blick auf das eigene Produkt: Winzerin Cathérine Roque der Domaine de Clovallon

Das Château la Mijeanne lässt auch Besucher an der Lese teilnehmen (oben). Auch, wenn er heute in Nordfrankreich zu Hause ist: Erfunden wurde der Champagner im Kloster St-Hilaire bei Limoux. Hier soll der Benediktinermönch Dom Perignon vor 300 Jahren die Methode der Flaschengärung kennengelernt haben (unten).

Fakten & Informationen

Caroline de Beaulieu
Château La Croix Martelle (gehört zu Les Domaines Boisset), F-34210 Siran, Tel. 04 68 91 84 82, **www.boissetcollection.com**

Catherine Delaunay
Les Jamelles, 32, Avenue du Languedoc, F-11800 Marseillette, Tel. 04 68 79 00 00, **www.les-jamelles.com**

Brigitte JeanJean
L'Enclos, 34725 St-Félix de Lodez, Tel. 04 67 88 80 00, **www.jeanjean.fr**

Miren de Lorgeril
Château de Pennautier, BP 4, F-11610 Pennautier, Tel. 04 68 72 65 29, **www.lorgeril.com**

Cathérine Roque
Domaine de Clovallon, Route de Béziers, F-34600 Bédarieux, Tel. 04 67 95 19 72

Anne Sol
Château de la Mijeanne, Route de Villalier, F-11620 Villemoustaussou, Tel. 04 68 25 89 16, **sol-la-mijeanne@wanadoo.fr**

Winzer im Languedoc, dem sich besonders die neue Winzerinnen-Generation verschrieben hat. Der Grenache-Syrah der Winzerin Cathérine Delaunay von Les Jamelles in Marseillette ist ein sehr geschmacksintensiver, traumhaft saftiger Rotwein mit typisch südfranzösischem Bouquet. Leidenschaft zeigt auch Caroline de Beaulieu. Seit über 20 Jahren kreiert sie im Minervois weiche, runde Merlot-Weine mit intensivem Fruchtspiel, pflaumenwürzigen Aromen und duftigem Bukett.

Miren und Nicolas de Lorgeril sind die Besitzer von sechs Weingütern – Château Pennautier ist das

… Weine mit intensivem Fruchtspiel und duftigem Bukett.

bekannteste; hier gibt es ein Schloss, das nach Plänen des Versailler Architekten Le Vaux gebaut wurde, und einen 30 Hektar großen Park vom königlich-barocken Gartenarchitekten André Le Nôtre. Ein Besuch hier lohnt sich nicht nur wegen des Weines.

Zu den berühmten Kellereien im Languedoc gehört auch JeanJean aus St-Félix de Lodez. Das Familienunternehmen wird in sechster Generation von Brigitte JeanJean geleitet. Voller Liebe und Freude spricht sie von ihrer Heimat, die für sie der Inbegriff des „Bon Vivre" ist: „Hier wird gut gegessen, gut getrunken – und die Menschen sind herzlich zueinander." Diese einzigartige Lebensart hat ihren Ursprung in den intensiven Farben, Gerüchen und den vielfältigen Genüssen des Languedoc. „Bevor Sie unsere Tropfen verkosten, müssen Sie sich unsere Terroirs ansehen – dann erst verstehen Sie, warum unsere Weine so unterschiedlich sind." Zum Imperium zählt seit 1990 auch die Domaine de Pive hinzu. Sie ist besonders berühmt für ihren „Vin de Sable" – den Sandwein, der am Golf du Lion auf sandigen Böden gedeiht und wie kein anderer Wein den Sommer einfängt: als blumiger, lachsfarbener Rosé oder fahlgelber Weißer mit viel Finesse.

Nirgendwo lässt sich der Wein schöner kosten als dort, wo er wächst: Weingut Château la Mijeanne von Anne Sol.

MONTPELLIER
SÈTE
BÉZIERS
Pézenas
Agde
Lodève
Clermont-l'Hérault
Bédarieux
Olargues
St-Pons-de-Thomières
Lacaune
Belmont-sur-Rance
Parc Naturel des Grands Causses
Plateau de Guilhaumard
Montagne de la Séranne
Montagne de la Celette
Monts de Lacaune
Monts de l'Espinouse
Monts du Somail
Montagne de la Gardiole
Bassin de Thau
Tanger, Nador
1
2
3
4
Maßstab 1:390.000
0
5
10km

Spielwiese für Urlauber und Architekten

Zwischen der Camargue und dem glatten Wasserspiegel des Étang de Thau haben seit Jahrhunderten ambitionierte Architekten ihre Visionen verwirklicht – in dieser beliebten Ferienregion zu leben, ist für viele Menschen ein Traum.

1 Montpellier

Die fränkische Gründung (8. Jh.) und Hauptstadt des Languedoc-Roussillon (268 456 Einw., Metropolregion 434 101 Einw., 50 % jünger als 34 Jahre) wird von Franzosen regelmäßig zur attraktivsten Stadt des Landes erwählt. Montpellier zieht junge Menschen an. 80 000 studieren an den Universitäten (seit 1289). Neue Wahrzeichen machen Montpellier zum Architektur-Hotspot: der blaue Kubus des Hôtel de Ville (2011), das RBC Design Center als Showroom französischen Designs und „Le Nuage" (2014), allesamt von Jean Nouvel, der Pierres Vives-Komplex (2012) von Zaha Hadid und die Markthallen Jacques Cœur (2000) von Jean-Luc Laurion.
Noch im Bau sind die ersten der insgesamt zwölf Architektur- „Folies" des 21. Jhs.: der elfstöckige Turm von Farshid Moussavi in Port Marianne und der Wohnbaum „l'Arbre" von Sou Fujimoto – beide sollen 2016/2017 fertig werden. Als längster Catwalk der Stadt präsentiert sich die fantasievoll gestaltete Straßenbahn mit ihrer Visualisierung der vier Elemente. Auf Linie eins (Luft, Design: Garouste) flattern weiße Schwalben am blauen Himmeln, Line 2 (Erde, Bonetti) präsentiert sich bodenständig mit blühenden Blumen, Linie 3 (Wasser, Christian Lacroix) feiert die Unterwasserwelt, Linie 4 (Feuer, Christian Lacroix) huldigt dem Sonnenkönig.

SEHENSWERT

Das Herz der Stadt schlägt am „Œuf", der **Place de la Comédie** TOPZIEL mit Cafés, der opulenten **Opéra Comédie** (1888) und dem Brunnen **Fontaine des Trois Grâces** (1776). Westl. birgt die Altstadt Stadtpalais (Hôtel) mit oft kunstvollen Fassaden. Nur bei Führungen ist das älteste jüdische Bad Europas zu besichtigen, die Mikvé (Ende 12. Jh., Rue Ballalerie). Die Cathédrale St-Pierre (14. Jh.) überstand als einziger Sakralbau die Glaubenskriege (bis 1622). Auf dem höchsten Punkt der Stadt entstand 1688 die **Promenade de Peyrou** mit dem barocken Wasserschloss **Château d'Eau** (1768). Es erhält sein Wasser aus dem Aquädukt St-Clemens. Die Reiterstatue auf der Promenade erinnert an Ludwig XIV., der **Arc de Triomphe** an der Rue Foch entstand 1693 ebenfalls zu Ehren des „Sonnenkönigs"; auf die Aussichtsplattform führen 103 Stufen (nur bei Führungen zugänglich). Monumental präsentiert sich das ab 1980 realisierte **Quartier Antigone** mit Büros, Wohnungen und öffentlichen Einrichtungen zwischen dem Einkaufszentrum Polygône und dem Verwaltungsbau Hôtel de la Région.

MUSEEN

Highlight der 14 Museen der Stadt ist das **Musée Fabre** TOPZIEL, das neben Gemälden und Skulpturen europäischer Künstler Werke der „Luminophiles", Maler des Languedoc, präsentiert (39, boulevard Bonne Nouvelle, http://museefabre.montpellier-agglo.com, Mi.–So. 10.00–18.00 Uhr, 1. So. im Monat Eintritt frei). Die Dependance **Hôtel Cabrières Sabatier d'Espeyran** (1874) präsentiert als Museum für Wohnkultur Atmosphäre des 18. und 19. Jhs. (Di., Sa., So. 14.00–17.00 Uhr). Arbeiten von Fernand Michel und Kollegen will ab Ende 2016 das **L'Atelier-Musée d'Art brut et Singulier Fernand Michel** zeigen (rue Lunaret). Kunst und Kultur der gallorömischen Zeit, des Mittelalters und der Moderne zeigt das **Musée Languedocien** in einem Stadtpalais des 18. Jhs. (7, rue Jacques Coeur, www.musee-languedocien.com, 15. Juni–15. Sept. tgl. 15.00–18.00, sonst Mo.–Sa. 14.30–17.30 Uhr, Eintritt frei). Ein lebendiges Forum für Gegenwartskunst aller Sparten mit Ateliers, Workshops und Ausstellungen will das 2013 eröffnete Kunstzentrum **La Panacee** (Mi., Do. 12.00–20.00, So. 10.00–18.00 Uhr, http://pan.lapanacee.org) sein. Der **Parc Zoologique** am Nordrand der Stadt birgt u. a. einen Amazonas-Regenwald mit 4500 Pflanzen- und 500 Tierarten (50, avenue Agropolis, www.zoo.montpellier.fr, April–Sept. 9.30 bis 20.30, Okt. 10.00–18.00 Uhr, Erw. 6,50 €).

AKTIVITÄTEN

Seit 1998 ist am Ende der Tramwaylinie 1 das Geschäfts- und Vergnügungsviertel **Odysseum** mit 110 Shops, Kino (www.cinemasgaumontpathe.com), **Mare Nostrum-Aquarium** entstanden (Allée Ulysse, Juli/Aug. tgl. 10.00 bis 20.00, Sept. bis Juni 10.00–19.00 Uhr, www.aquariummarenostrum.fr, Erw. 15,50 €), Galileo Planetarium (Termine im Web, tgl. 13.30–18.00 Uhr, http://planetarium-galilee.montpellier-agglo.com, Erw. 6,50 €) und Végapolis-Eisbahn (tgl. 12.00 bis 14.00, 17.00–20.00, Di., Mi., Fr., Sa. auch 21.00–1.00 Uhr, www.vert-marine.com/vegapolis-montpellier-34, Erw. 4,30 €) sowie zahlreichen Bars, Restaurants und Cafés.

In Montpelliers Odysséum findet jeder die passende Freizeitbeschäftigung.

EINKAUFEN

Typisch sind die **Grisettes**, Honigkugeln mit Lakritz (Pinto, 14, rue de l'Argenterie, Le Diamant Noir, 25, rue St-Guilhem). Schöne **Einkaufsstraßen** sind die Rue de l'Ancien Courrier, de l'Aiguillerie, Foch und du Palais.

HOTELS UND RESTAURANTS

Im Zentrum liegt das **€ € € Grand Hotel du Midi** mit modernem Komfort (22, boulevard Victor Hugo, F-34000 Montpellier, Tel. 04 67 92 69 61, www.grandhoteldumidimontpellier.com). Nichtraucher sind im **€ € Hôtel d'Aragon** willkommen (10, rue Baudin, F-34000 Montpellier, Tel. 04 67 10 70 00, www.hotel-aragon.fr).
Traditionsgerichte aus der Lozère gibt es bei **€ € €/ € € € € Cellier Morel** (27, rue de l'Aiguillerie, Tel. 04 67 66 46 36, www.celliermorel.com). Auf einer gemütlichen Altstadt-Place speist man bei **€ € € Epices & Délices** (5, place Chapelle Neuve, Tel. 04 67 29 90 45).

UMGEBUNG

600 v. Chr.–300 n. Chr. war Lattera, das heutige **Lattes** (7 km südl.), einer der wichtigsten Mittelmeerhäfen. Fundstücke der Ausgrabungen

zeigt das Musée Henri Prades (390, avenue de Pérols, http://museearcheo.montpellier3m.fr, Mo., Mi.–Fr. 10.00–12.00, 13.30–17.00, Sa./So. 14.00–18.00 Uhr, 1. So. im Monat Eintritt frei, sonst Erw. 2,50 €). Zum Meer führt ein 11 km langer Radweg am Lez. Müde Radler fahren Bus.

INFORMATION
Office de Tourisme, 30, Allée Jean de Lattre de Tassigny, F-34000 Montpellier, Tel. 04 67 60 60 60, www.ot-montpellier.fr, www.montpelliernow.mobi

2 Sète

Vom Wasser umgeben und von Kanälen durchzogen ist das von Ludwig XIV. 1666 gegründete Sète (44 558 Einw.), „Klein-Venedig des Languedoc“, zweitwichtigster Mittelmeerhafen Frankreichs. Durch das Zentrum der Fischereihochburg ziehen sich mehrere Kanäle.

SEHENSWERT
Für einen Überblick geht es hinauf zum **Mont St-Clair** (183 m) und hinunter zum Hafen über 400 Stufen. Das **Quartier Haut** ist das Viertel der Fischer. Den Zugang zum alten Hafen sichert seit 1666 die 650 m lange **Môle St-Louis**. Fischkutter und Arbeitsboote sind am **Quai Général Durand** vertäut, landseitig liegt die Restaurantmeile der Stadt. Die frischen Fische werden bei der Criée in der Fischauktionshalle versteigert (Führungen durch das Office de Tourisme). Der **Canal Royal** (1666) verbindet Mittelmeer und Étang de Thau – zwischen den beiden zentralen Brücken findet seit 1666 im Aug. das Fischerstechen statt.

MUSEEN
Dass der Dichter Paul Valéry (1871–1945) auch ein talentierter Maler war, zeigt das 2010 renovierte **Musée Paul Valéry** (Rue François Desnoyer, http://museepaulvalery-sete.fr, April bis Okt. Mi.–So. 9.30–19.30, Nov.–März 10.00–18.00 Uhr, Erw. 8 €). An den Chansonnier (1921–1981) von „La mauvaise Reputation“ erinnert die **Espace Georges Brassens** (67, bd Camille

Tipp

Ein himmlisches Paar

Picpoul de Pinet und Austern aus Bouzigues: Bei diesem Duo geraten nicht nur Südfranzosen ins Schwärmen. Der spritzige Weißwein, der im Hinterland des Étang de Thau auf kiesigen, kalksteindurchsetzten Böden gedeiht, ist perfekter Begleiter für Austern und Miesmuscheln. Ebenso gut passt er zu Rotbarbe, Dorade und Wolfsbarsch. Und so manch einer schlürft ihn bereits zum Apéritif.

Austernzucht im Étang de Thau bei Marseillan (oben), Molière-Museum in Pézenas (oben rechts), Fête de St-Louis (rechts)

Blanc, www.espace-brassens.fr, Juni–Sept. tgl. 10.00–18.00, sonst Mi.–Mo. 10.00–12.00, 14.00–18.00 Uhr, Erw. 5 €).

AKTIVITÄTEN
Bootstouren veranstaltet vom Vieux Port Sète Croisières (Tel. 04 67 46 00 46, www.sete-croisieres.com) – der Anstrich der Schiffe verrät, wohin es geht: Hafenrundfahrt (blau), Hafen und Küste (rot), Austernbänke im Étang de Thau (gelb), Schiffs-Shuttle nach Balaruc-les-Bains (weiß/rot/türkis).

VERANSTALTUNGEN
Das Fischerfest nennt sich **Fête de la St-Pierre** (Juni). Musikalisch geht es beim internationalen **Festival Jazz à Sète** (Juli) und beim Chansonfestival **Quand je pense à Fernande** (Juli) zu. Zur **Fête de St-Louis** gehören Schifferstechen und Feuerwerk (Aug.).

HOTEL UND RESTAURANTS
An der Mole liegt das moderne Haus **€ /€ € Port Marine** (Le Môle St-Louis, F-34200 Sète, Tel. 04 67 74 92 34, http://fr.hotel-port-marine.com). Zu den besten Lokalen am Hafen gehören **€ € /€ € € Les Sirenes** (26, promenade J. B. Marty, Tel. 04 67 74 67 81) und **€ € /€ € €** Au **La Coquerie** mit der Sterne-Fischküche von Anne Majourel (1 chemin du Cimetière-Marin, Tel. 06 47 06 71 38, www.annemajourel.fr).

UMGEBUNG
Die antike griechische Gründung **Agde** hat um die Cathédrale St-Etienne (urspr. 12. Jh.) ihren schönen mittelalterlichen Stadtkern bewahrt.

INFORMATION
Office de Tourisme, 60, Grand Rue Mario Roustan, F-34200 Sète, Tel. 04 67 74 71 71, www.de.ot-sete.fr

3 Étang de Thau

Flache Salzwasserseen, nur durch schmale Strandstreifen vom Mittelmeer getrennt, säumen die Küste. Größte und tiefste dieser Lagunen ist mit 8000 ha Wasserfläche und 4 m Tiefe der Étang de Thau. Sein nördlicher Bereich beheimatet die größte Austernplantage der Welt. Die **Fête de l'Huitre** in Mèze (Aug.) ist dem wichtigen Wirtschaftsgut gewidmet.

SEHENSWERT
Als Zentrum der Schalentierzucht gilt **Bouziques**, das den Austern aus dem Étang de Thau den Namen gab: Huîtres de Bouziques. Die Hafenstadt **Mèze** (10 917 Einw.) wurde von Phöniziern gegründet und ist heute der Hauptort am Nordufer. In **Marseillan** (7920 Einw.) wird seit 1813 der Wermutwein Noilly Prat produziert (1, rue Noilly, www.noillyprat.com, Mai bis Sept. 10.00–12.00, 14.30–19.00, März, April, Okt., Nov. 10.00/11.00–14.30/16.30 Uhr, Erw. 7,80 €). Einblicke in die **Austernzucht** gewährt Stéphane Saez (Führungen, www.conchyliculture.com).

MUSEEN
Austernzucht und Fischfang in der Lagune erklärt das **Musée de l'Étang de Thau** in Bouzigues mit Aquarium (Quai du Port de Pêchem, www.bouzigues.fr/musee, Juli/Aug. tgl. 10.00 bis 12.30, 14.30–19.00, März–Juni, Sept./Okt. tgl. 10.00–12.00, 14.00–18.00 Uhr, Erw. 4 €). Westlich von Mèze wurden 1996 Skelette, Trittspuren und Eierschalen von Sauriern gefunden; auf dem Gelände können Besucher im **Musée-Parc des Dinosaures** das größte Saurierskelett der Welt bewundern: einen 25 m langen Brachiosaurus (RN 113, Mèze, www.dinosaure.eu, Juli, Aug. tgl. 10.00–19.00, Feb. bis Juni, Okt. 14.00–18.00, sonst 14.00–17.00 Uhr, Park und Museum Erw. 16,50 €).

HOTEL UND RESTAURANT
Meerblick, Pool, komfortable Zimmer – das **€ Hôtel de la Pyramide** ist eine Oase der Erholung (8, promenade Sergent JL Navarro, F-34140 Mèze, Tel. 04 67 46 61 50, www.hoteldelapyramide.fr). Die beste Adresse für Austern ist ein einfaches Straßenlokal: **€ € Chez la Tchèpe** – man sitzt auf Plastikstühlen im Gewühl, aber Austern und Wein sind unschlagbar! (Avenue Louis Tudesq, Tel. 04 67 78 33 19).

INFORMATION
Office de Tourisme intercommunal en Pays de Thau, Château de Girard, BP 98, F-34140 Mèze, Tel. 04 67 43 93 08, www.paysdethau.fr

❹ Pézenas

Mehr als 200 Jahre lang war der Wein- und Wollhandelsort (8317 Einw.) die Hauptstadt des Languedoc, das „Versailles des Midi" (ab 16. Jh.). Prächtige Adelspaläste entstanden, und Jean-Baptiste Poquelin (1622–1673) gastierte hier – der als Molière berühmt wurde.

SEHENSWERT
Die Highlights der **Altstadt TOPZIEL** verbindet ein Rundgang mit 33 Stationen – den kostenlosen Führer gibt es beim Office de Tourisme. Zu den schönsten **Stadtvillen** gehören das Hôtel Jacques Cœur (15. Jh.), das Hôtel de Lacoste (16. Jh.), das Hôtel de Malibran (18. Jh.) und das Hôtel d'Alfonce (17. Jh.), in dessen Innenhof Moliere mit dem „Illustre Théâtre" auftrat. Viele Palais bergen Boutiquen, Hotels oder Ateliers.

MUSEEN
Als Stück in fünf Akten und Parcours durch fünf Säle angelegt, präsentiert **Scénovision Molière** das Leben des Dramatikers (Place des États du Languedoc, www. scenovisionmoliere. com, Juli/Aug. tgl. 9.00–19.00, sonst Mo.–Sa. 9.00–12.00, 14.00–18.00, So. 10.00–12.00, 14.00–18.00 Uhr, Erw. 7 €). Möbel und Kunsthandwerk aus Molières Zeit zeigt das **Musée de Vulliod Saint-Germain** (3, rue Albert-Paul Alliès, Juni–Sept. Di.–So. 10.00–12.00, 15.00 bis 19.00, Mitte Feb.–Mai, Okt.–Mitte Nov. Di.–So. 10.00–12.00, 14.00–17.30 Uhr, Erw. 1 €).

AKTIVITÄTEN
Boote für **Fahrten auf dem Hérault** gibt's Mitte Juni–Mitte Sept. am Pont de Patigone la Ville (Tel. 04 67 77 43 93), **Leihräder** bei Planète vélos (31, Avenue E. Combes, Tel. 04 67 98 34 04).

HOTEL UND RESTAURANT
Peter und Margrete Pflück verwandelten das **€ € Château les Sacristains** (9 km östl.) in ein Urlaubsidyll (F-34530 Montagnac, Tel. 04 67 43 49 89, www.chateau-les-sacristains.fr). Mit Noilly-Prat gratinierte Austern sowie Seeteufel sind Spezialitäten im **€ € € Le Pré Saint-Jean** (18, avenue Maréchal Leclerc, Tel. 04 67 98 15 31, www.restaurant-leprestjean.fr).

UMGEBUNG
Seit 800 Jahren wird in der **Abbaye de Valmagne** (8 km östl.) Bio-Wein gemacht (Probe im Conservatoire des Cépages gratis). Die Abteikirche (1257) ist im Juli Konzertbühne (Villeveyrac, www.valmagne.com, Mitte Juni–Sept. tgl. 10.00 bis 18.00, Ostern–14. Juni, Okt.–März Mo.–Fr. 14.00–18.00, Sa./So. 10.00–18.00 Uhr, Erw. 7,80 €).

INFORMATION
Office de Tourisme, Place des États du Languedoc, F-34120 Pézenas, Tel. 04 67 98 36 40, www.pezenas-tourisme.fr

Genießen Erleben Erfahren

DuMont Aktiv

Der Dauerbrenner

Er gilt als schwerster Aufstieg der Tour de France: der Col de Tourmalet. Während die ersten Radrennfahrer den legendäre Pass noch auf einem schmalen Pfad erklommen, können Freizeitradler heute auf einer gut ausgebauten Straße den Mythos des großen Radspektakels am eigenen Leib erfahren.

Seit 1903 wird im Juli drei Wochen lang das härteste Radrennen der Welt ausgetragen: die Tour de France. Streckenführung und Etappenorte wechseln jedes Jahr. Die Entscheidung über den Toursieger fällt im Hochgebirge. Zu den vier „heiligen Bergen" der Tour gehört der 2 115 Meter hohe Col du Tourmalet in den Pyrenäen, der 1910 als erster Hochgebirgspass und seitdem 75 Mal bezwungen wurde. Wer einmal selbst erleben will, welche Strapazen Jan Ullrich, Lance Armstrong, Alberto Contador & Co. auf sich genommen haben, kann sich vor dem Denkmal des radelnden Octave Lapize fotografieren lassen, der den Pass 1910 als Erster erreicht hatte.

Start der Etappe ist in Ste-Marie de Campan in 847 Meter Höhe. Bis zum Pass werden auf 17,2 Kilometer Länge 1 268 Höhenmeter überwunden – die ersten vier Kilometer zunächst mit geringer Steigung, doch dann lässt die Bergstrecke den Schweiß fließen, mit 7,4, dann zehn Prozent und auf den letzten 300 Metern sogar 18 Prozent! Kaum weniger anstrengend ist der Westanstieg zum Pass von Luz-St-Sauveur aus. Wunderschön hingegen sind die Flachetappen der Tour durch Südfrankreich – zum Beispiel von Marseille nach La Grande-Motte mitten durch die Camargue.

Weitere Informationen

Übersicht zur Tour, zu Teilnehmern und den Streckenverlauf
www.letour.fr.

Radführer
Kristian Bauer, Roadbook Tour de France, Bruckmann Verlag

Seit dem Tod von Laurent Fignon gibt es keinen Führer mehr, der die Radtour über den Col de Tourmalet anbietet – die Bergetappe abzufahren, ist also nur noch auf eigene Faust möglich.

Tour de France am Col de Tourmalet

Festungen und Sonnenstrände

Hier ist das Land mit Geschichte getränkt, haben Griechen und Römer, Westgoten und Mauren um Macht und Einfluss gekämpft, die Katharer ihren Glauben verteidigt, wurden funktionelle Ferienwelten errichtet: Zwischen Sonnenstrand und Rebenland ist im Aude die Vergangenheit allgegenwärtig.

Narbonnes Kathedrale St-Just-et-St-Pasteur zeigt die wechselvolle Geschichte des Midi: Nur ihr Turm wurde in reiner Gotik fertiggestellt.

Der vielgestaltige ehemalige Erzbischöfliche Palast aus Romanik und Gotik
dient heute als Rathaus von Narbonne und Museum.

So eine reichhaltige Meeresfrüchteauswahl bietet die Markthalle von Narbonne.

„Es war ungefähr Mittag, als wir in Narbonne ankamen. Die Sonne vergoldete die ganze Landschaft, die Kathedrale hob sich vom azurblauen Himmel ab, ich hatte nicht gewusst, wie schön ein Horizont sein kann."

Gustave Flaubert, 1840

Da hatte der Zufall wieder einmal die Hand im Spiel: Bei der Neugestaltung des Rathausplatzes entdeckten Steinmetze 1997 unter dem Pflaster große Quader mit tiefen Wagenspuren – ein perfekt erhaltenes Teilstück der Via Domitia. Die erste Römerstraße in Gallien, die zeitgleich mit der Colonia Narbo Martius um 118 vor Christus errichtet wurde, verband das italienische Stammland mit den Kolonien Roms auf der iberischen Halbinsel. In Narbonne, der Hauptstadt des neuen Herrschaftsgebiets, kreuzte sich der antike Handelsweg mit der Via Aquitania, die vorbei an Carcassonne und Toulouse nach Bordeaux an den Atlantik führte. Die Stadt florierte und baute für ihre Händler ein Horreum, ein unterirdisches Warenlager. Kühl und trocken das ganze Jahr hindurch, diente es teilweise bis 1975 als Weinkeller. Ihre Qualitäten und eine gute Lagertemperatur zwischen 12 und 14 Grad hätten die Gänge immer noch, doch dient das Ganze nun als Museum.

Nach dem Zusammenbruch des Römischen Reiches kamen die Westgoten – und mit ihnen unruhige Zeiten. 719 wurde Narbonne als erste Stadt des Frankenreichs islamisch. 40 Jahre lang hielten sie die Mauren im Griff, ehe Pippin sie zurückschlagen konnte. Die Rache folgte umgehend: 793 wurde Narbonne von Hischam I., dem arabischen Herrscher über Andalusien, komplett zerstört.

Mittelalterliches Massaker

Erobert, geplündert und zerstört: Auch die alte Römerstadt Baeterrae, das heutige Béziers, erlebte ein Schicksal wie Narbonne. Im Mittelalter wurden beide Städte zu Hochburgen einer religiösen Bewegung, die vom Papst und der französischen Krone mit aller Härte verfolgt und bekämpft wurde: die Katharer. Der Kampf gegen die „Ketzer", die ihre Lehre in der Sprache des Volkes statt in Latein verbreiteten, war nicht nur eine Glaubens-, sondern auch eine Machtfrage. Im ersten Katharerkreuzzug wurde Béziers 1209 Schauplatz des größten Massakers des Mittelalters. Vom Abt Arnaud Amaury aus Cîteaux – auch seinerzeit lohnte es sich, auf der richtigen Seite zu stehen: Amaury wurde wenig später Erzbischof und Herzog von Narbonne – mit den Worten „Tötet sie alle, Gott wird die Seinen erkennen!" angefeuert, belagerte ein Kreuzritterherr unter dem Befehl von Simon de Montfort die Stadt und tötete mehr als 20 000 Menschen, Katholiken und Katharer gleichermaßen. Mit dem Blutbad, das in der Region Angst und Schrecken verbreitete, begann die Ausrottung der Katharer, die 20 Jahre

Während sich das alte Gruissan, ein Fischerdorf, eng zusammendrängt, zeigt sich das neue Gruissan-Plage als moderne Ferienstadt.

Die Étangs bilden zwischen Narbonne und Perpignan eine amphibische Landschaft: Étang de l'Ayrolle (links) und Étang de Bages et de Sigean (rechts).

Im Parc Naturel Régional de la Narbonnaise blieben die traditionellen Ortsbilder erhalten: Bages am Étang de Bages et de Sigean.

später mit der Zerstörung des Languedoc endete: Am 12. April 1229 setzte Graf Raimund VII. von Toulouse seine Unterschrift unter den Friedensschluss mit Frankreich, welches sich Okzitanien damit seinem Herrschaftsgebiet einverleibte.

Legendäre Wasserstraße

Vier Jahrhunderte später unterbreitete ein Baron aus Béziers dem französischen Herrscher einen Plan für ein Projekt, das seit der Antike die Fantasie sowohl von Königen als auch von Kaufleuten beflügelte: den Bau eines Kanals zwischen Mittelmeer und Atlantik. 1666 unterschrieb Ludwig XIV. das königliche Edikt zum Bau der damals „Canal Royal en Languedoc" genannten Schifffahrtsstraße.

An der höchstgelegenen Schleuse des Canal du Midi, der „Écluse Océan" auf der Wasserscheide zwischen Mittelmeer und Atlantik westlich von Castelnaudary, erhebt sich heute ein Obelisk zur Erinnerung an den Erbauer, denn hier fand Pierre Paul Riquets in der Mitte des 17. Jahrhunderts die Lösung für seine Vision: die Antwort auf die bislang nicht gelöste Frage, wie der Kanal, der auf seinem Weg 194 Höhenmeter überwindet, ständig mit Wasser versorgt werden könne. Der Baron aus Béziers antwortete mit einem Geniestreich: Er ließ am höchsten Punkt der Strecke ein riesiges Staubecken anlegen, in dem das Wasser der Montagne Noire gesammelt werden konnte. Von dort aus sorgt ein ausgeklügeltes System aus unterirdischen Wasserleitungen und Zuflüssen bis heute verlässlich dafür, dass der Kanal das ganze Jahr hindurch schiffbar bleibt.

15 Jahre lang, nur mit Schaufel und Schubkarren, wurde das Kanalbett ausgehoben. Mehr als sieben Millionen Kubiktonnen Erde und Gestein räumten 12 000 Arbeiter fort, darunter auch 600 Frauen. 450 000 Platanen, Pappeln und Zypressen wurden entlang der Treidelpfade gepflanzt, um die „Motoren" der Kanalkähne vor der sengenden

Das Binnenland prägt der Weinbau: Boutenac am Rand des Massif de Fontfroide.

Seit dem 14. Jahrhundert überragt die Kirche St-Michel das heutige Sport- und Hausbootzentrum Castelnaudary am Canal du Midi.

In Béziers überspannt der Pont Vieux den Fluss Orb. Und seit romanischen Zeiten bestimmt die Kathedrale St-Nazaire das Ortsbild.

In Castelnaudary bildet das Grand Bassin das zentrale Wasserreservoir des Canal du Midi.

Sommersonne zu schützen. 328 Brücken, Dämme, Aquädukte und Schleusen wurden gebaut – allein auf der nur 35 Kilometer langen Strecke zwischen Castelnaudary und Carcassonne 18. Und nicht, wie in anderen Revieren, gerade, kurze Schleusen mit einer Kammer, sondern mehrere hundert Meter lange Schleusentreppen mit sieben, acht, sogar neun ovalen Kammern, die mehr als 20 Höhenmeter überwinden.

Heute ist die Wasserstraße fest in der Hand der Hausbootkapitäne, sind die Schleusenwärterhäuschen Treffpunkte für Menschen aus aller Welt. Beim Kaffee oder Wein wird über die nächste „Bise", den nächsten Abschnitt zwischen zwei Schleusen, gefachsimpelt, werden Einkaufstipps und Ausflugsziele ausgetauscht. Villepinte lockt mit Glaskunst im einstigen Keller der Wein-Kooperative. Im rund angelegten Städtchen Bram gibt es ein gallo-römisches Museum und eine Olivenmühle, die 25 Bio-Öle produziert. Und dann sind es nur noch knapp ein Dutzend Schleusen bis zur größten mittelalterlichen Festung Europas, der Cité von Carcassonne.

Heute ist die Wasserstraße fest in der Hand der Hausbootkapitäne.

Sagenhafte Zitadelle

Gewaltig und trutzig dominiert der Mauerring die Skyline der Stadt, deren Namen eine Legende verklärt. Die schöne Burgherrin, Madame Carcas, habe während der Belagerung durch Karl den Großen die geniale Idee gehabt, das letzte Schwein zu mästen und es den Belagerern vor die Füße zu werfen, um ausreichend Nahrung vorzutäuschen. Entmutigt zog der Heerführer von dannen. Die listige Dame ließ daraufhin die Siegesglocken läuten: Carcas sonne – Carcas läutet.

Natürlich gehören auch Damen zu Carcassonnes mittelalterlichen Ritterspielen.

Was wären mittelalterliche Ritter ohne ihre Jagdfalken – auch wenn es heute Weißkopfadler sind?

Carcassonne ist Europas größte erhaltene Festungsstadt des Mittelalters und UNESCO-Welterbestätte.

Nur wenige Klöster blieben so ursprünglich erhalten wie die Abbaye de Fontfroide.

Steingewordenes Mittelalter: Die Abbaye de Fontfroide gilt als größte Zisterzienserabtei des Midi.

„Carcassonne ist bewegend, ohne jeden Zweifel, und der Reisende muss zugeben, dass es etwas Besseres doch gar nicht geben kann."

Henry James, 1885

Sieben Jahrhunderte später ging die Geschichte allerdings weniger gut aus, und der Katharerstützpunkt Carcassonne musste sich wegen Wassermangels nach zweimonatiger Belagerung dem Heer der Kreuzfahrer ergeben. Diese kannten kein Erbarmen, und so brannten in der Stadt bald die Scheiterhaufen.

Eine groß angelegte Restaurierung

Die einstige Römergründung versank in Bedeutungslosigkeit, war dem Verfall preisgegeben, bis Frankreichs legendärem Generalinspekteur für Geschichtsdenkmäler, Prosper Mérimée, die Einmaligkeit der Cité auffiel und infolgedessen 1844 eine großangelegte Restaurierung begann. Hunderttausende sollten ihm alljährlich danken, wenn sie das „lebende Mittelalter" im Zwinger genießen, wo zwischen dem doppelten Mauerring sommers Hufgetrappel und Schwerterklang widerhallen und Ritterfräulein milde auf die erhitzten Kämpfer herablächeln. Oder wenn sie sich durch das Narbonner Tor die Rue Cros Mayrevieille hinauf Richtung Grafenschloss kämpfen, ohne sich von den links oder rechts lauernden Restaurants und Bars, von den Boutiquen mit Leuchtschwertern aus Plastik oder sonstigen touristischen Devotionalien aufhalten zu lassen. Hitze und Enge, einerlei – es lohnt sich unbedingt, der Cité gebührend Zeit einzuräumen.

Heimat der Flamingos

Von den Schauplätzen des Katharerkreuzzugs ist es nur ein Katzensprung in die Weinberge oder zur Nehrungsküste, wo der Tourismus auf wenige, leider nicht immer kreativ gestaltete Ferienzentren konzentriert wurde – und genug Platz bleibt für die facettenreiche Natur, auf 80 000 Hektar im Regionalen Naturpark Narbonnaise en Méditerranée.

Flamingos und Fischadler sind Dauergäste auf seinen Dünenseen, im Frühjahr und Herbst macht der Weißstorch Station. Blässhühner brüten im Schilf, Silberreiher waten durch die flachen Fluten – mit über 400 Vogelarten gehört der Naturpark bei Narbonne neben der Camargue zu den wichtigsten Feuchtgebieten des Landes.

Wahrzeichen im Norden des Nationalparks ist ein „Steinhaufen", der einst eine bewaldete Insel war: das Massiv de la Clape mit der zerfurchten Spitze des 214 m hohen Pech Redon. In seinen lichten Wäldern mit Aleppo-Kiefern, Stein- und Flaumeichen ist die weltweit einzigartige Centaurea corymbosa beheimatet: die endemische, lila blühende Clape-Flockenblume.

UNTERWEGS AUF DEM CANAL DU MIDI

Unter südlicher Sonne

Er ist der Weg des Sommers unter der warmen Sonne des Südens, die Sehnsuchtsstrecke der Hausbootfahrer in Frankreich: der Canal du Midi. Auf einer Länge von 240 Kilometern verbindet er Toulouse mit dem Mittelmeer – als technisches Wunderwerk, das Freizeitskipper erfreut, aber auch schwitzen lässt.

Leinen los: Seit den 1970er-Jahren befahren immer mehr Touristen den Canal du Midi mit Haus- und Sportbooten und genießen das langsame Reisen auf dem ruhigen Wasser.

Seine Schleusen, 98 an der Zahl, bringen immer wieder Abwechslung und Aufregung in die Muße auf dem Wasser des „Canal Royal". „Pas de soucis", keine Sorge, meint Pierre nur, der eine Stunde lang die Freizeitskipper in Technik und Handling der „Tango" einführt, die im Grand Bassin von Castelnaudary vertäut liegt. Gut zwölf Meter misst das schwimmende Ferienheim, unter Deck alles Notwendige für einen ungezwungenen Aufenthalt.

Am sommerlichen Himmel ballen sich Gewitterwolken und lassen die Altstadt in dramatischem Licht leuchten, als die „Tango" ablegt. An Bord: zwei Frauen und ein Kind. O làlà! Mit sichtlicher Neugier schauen die Passanten zu. Bis zur ersten Schleuse sind es 170 Meter. „Kommt mal hoch in den Turm", ruft der Schleusenwärter, „dann könnt ihr sehen, was ihr vor euch habt!" Die Écluse St-Roch, vier riesige Staustufen, zwölfeinhalb Höhenmeter, und zig Hausboote, die gleichzeitig auf und ab geschleust werden. Die Skipperin hat kleine Sorgenfalten auf der Stirn, als sie die Eisenleiter hochklettert. Mit ungeheurer Kraft schießt das Wasser durch die geöffneten Schleusentore, will das Boot von der Wand wegdrücken, das vorn und hinten mit Leinen gehalten wird. Minuten später ist der Spuk vorbei, liegt das Schiff wieder träge im Wasser und wird mit den Leinen per Hand zur nächsten Schleusenkammer gezogen. Nach 30 Minuten Anspannung ist die erste Schleuse gemeistert. Der Blick auf das Emailleschild am Schleusenwärterhäuschen ernüchtert: 1533 Meter sind es bis zur nächsten Herausforderung, der doppelten Écluse de Gay, 1653 Meter bis zur dreistufigen Écluse de Vivier. Danach bleibt kaum noch Zeit, einmal den Schweiß von der Stirn zu wischen, dreizehn weitere Schleusen folgen im Halbkilometertakt. Unbarmherzig scheint die Sonne auf das Deck, in der flimmernden Luft liegt der Duft von Kräutern. Weit schweift der Blick über Sonnenblumen- und Weizenfelder, hin zu den schneebedeckten Bergspitzen der Pyrenäen. Mittags ist Zwangspause – auch Schleusenwärter gönnen sich eine Ruhepause. Nachmittags ist spätestens um 19 Uhr Schluss, Nachtfahrten auf dem Kanal sind verboten.

Landgang: Nach einem Tag auf dem Wasser lässt es sich bei regionaltypischen Speisen und Getränken herrlich entspannen.

Nach fünf weiteren Schleusen und sieben Kilometern Fahrt tanzen die Strahlen der tief stehenden Sonne zwischen den Baumreihen. Wasserlilien leuchten gelb am Ufer, Frösche quaken, Stille. Die „Tango" liegt ruhig am Steg vertäut. Ein verwittertes Holzschild informiert: La Boutique de l'Écluse, Artisanat, Vin, Pain... An Holztischen sitzen Jean Louis und Fréderique Aillaud, verkaufen Selbstgetöpfertes, hausgemachte Marmelade, Honig der Region, Confit, Cassoulet und Croissants. Abends genießen beide ein Glas Rotwein mit den Gästen von den „Pénichettes". Einsamkeit oder Langeweile kennen sie nicht: „Zu uns kommt die Welt." Und auch die Uhr hat Urlaub.

Fakten & Informationen

Anreise

Mit Germanwings, Lufthansa oder Air France nach Toulouse, Leihwagen oder SNCF bis Castelnaudary.

Hausbootvermietung

Le Boat, c/o Crown Blue Line, Theodor-Heuss-Straße 53, 61118 Bad Vilbel, Tel. 0 61 01/5 57 91 75, **www.leboat.de**

Preise

In der günstigsten Bootsklasse und Reisezeit kostet die Bootsmiete ab 690 Euro/Woche zuzügl. Nebenkosten für Betriebskosten (Wasser, Diesel, Gas), Liegegebühren, Versicherung. Tipp: Leihräder gleich mitmieten!

Maßstab 1:390.000
0
5
10km
Montagne Noire
Montagne d'Alaric
Massif de Fontfroide
Montagne de la Clape
Plateau de Lacamp
Plateau de Sault
Corbières
CARCASSONNE
NARBONNE
BEZIERS
Castelnaudary
Limoux
Quillan
Lézignan-Corbières
Saint-Chinian
Mazamet
Revel
Gruissan
Sigean
Port-la-Nouvelle
Port-Leucate
Leucate-Plage
Narbonne-Plage
Saint Pierre-sur-Mer
Pic de Nore
Pic de Bugarach
Roc Fourcat
Pech de Guillaument
Canal du Midi
Autoroute des deux-Mers
La Languedocienne
La Catalane
1
2
3
4

Savoir vivre in der Petite France

Verträumte Dörfer, Burgruinen, alte Städte, Weingärten und Sandstrände: Das Fleckchen Erde zwischen Béziers, Narbonne und Carcassonne heißt wegen seiner landschaftlichen und kulturellen Vielfalt auch „La Petite France" – im kleinen Frankreich lässt sich auch das südliche Savoir vivre auf kleinstem Raum vielfältig erleben.

1 Carcassonne

Der Weinhandelsort (47 068 Einw.) besteht aus zwei Teilen: der Neustadt Ville Basse und der Cité. Majestätisch überragt diese mittelalterliche Festungsanlage die Weingärten. Die auf antiken Mauern erbaute Zitadelle, UNESCO-Welterbe, zieht jährlich über 3 Mio. Menschen an.

SEHENSWERT

Ein doppelter, 3 km langer Mauerring (12./13. Jh.) mit 52 Türmen schützt die **Cité** TOP-ZIEL. An ihrem Haupteingang, der **Porte Narbonnaise** (13. Jh.), konnten durch Öffnungen heißes Öl, Pech oder Steine auf Feinde geworfen werden. Das **Château Comtal** (12. Jh.) der Vizegrafen von Trencavel wurde durch einen zusätzlichen Mauerring mit Graben und dem Tour de Guët geschützt (April–Sept. 9.30–18.30, Okt.–März bis 17.00 Uhr). Am Südende der Cité erhebt sich die **Basilika St-Nazaire-et-St-Celse** (11.–14. Jh.) mit schönen Buntglasfenstern. Die Steinbrücke Pont Vieux (1320) führt über die Aude zur **Ville Basse**, die ab 1247 auf dem linken Flussufer entstand. Ihr Zentrum bildet die schachbrettartig angelegte Bastide St-Louis um die Place Carnot mit dem Neptunsbrunnen (1770). Hier und in der Halle aux Grains wird Di., Do. und Sa. Markt abgehalten.

MUSEEN

In die Schulzeit von einst entführt das **Musée de l'Ecole** (3, rue du Plô, Cité, Feb.–Okt. tgl. 10.00–18.00, sonst bis 17.00 Uhr, Erw. 3,50 €). Einen Überblick über die europäische Malerei des 17.–19. Jhs. bietet das **Musée de Beaux Arts** (1, rue de Verdun, Ville Basse, Mitte Juni bis Mitte Sept. tgl. 10.00–18.00, sonst Di.–Sa. 10.00–12.00, 14.00–18.00, 1. So. im Monat 14.30–17.30 Uhr, Eintritt frei). Der **Parc Australien** ist wegen der Tiere beliebt (Chemin des Bartavelles, Montlegun, www.leparcaustralien.fr, Juli, Aug. tgl. 10.30–19.30, April bis Juni, Sept.–Nov. 14.00–19.30 Uhr, Erw. 10 €).

AKTIVITÄTEN

Pferdekutschen umrunden die Cité ab Porte Narbonaise (www.carcassonne-caleches.com, April–Okt.). Südw. von Carcassonne liegt der **Hochseilgarten 02 Aventure** mit sieben Parcours, darunter zwei Drahtseilstrecken über einen See (3, rue des Acacias, Lac de La Cavayère, Complexe de loisirs Raymond Chésa, www.o2aventure.com, Juni–Aug. tgl. 13.00 bis 18.00, sonst Mi., Sa., So. 13.30–17.00 Uhr).

Carcassonne hinter der Porte Narbonnaise (oben) und davor (rechts unten), Weinernte in Limoux (rechts oben)

VERANSTALTUNGEN

Zum **Festival de Carcassonne** (Juni/Juli) gehören Konzerte, Theater, Opern, Tanz, Zirkus und Straßenspektakel. Mittelalterspiele umfasst das **Carcassonne La Médiévale** (Aug.).

HOTEL UND RESTAURANT

Inmitten der mittelalterlichen Cité verwöhnt das € € € € **Hôtel de la Cité** mit nostalgisch-edlen Zimmern und dem Sterne-Restaurant € € € € **La Barbacane** (Place Auguste-Pierre Pont, F-11000 Carcassonne, Tel. 04 68 71 98 71, www.hoteldelacite.com).
Am Fuß der Altstadt serviert Franck Putelat in seinem Hotel-Restaurant € € €/€ € € € **Le Parc** traditionelle Gerichte in neuem Gewand – gern auch exotisch (Chemin des Anglais, Tel. 04 68 71 80 80, www.franck-putelat.com).

UMGEBUNG

In **Castelnaudary** (37 km westl., s. Karte S. 6) am Scheitelpunkt des Canal du Midi wurde das Cassoulet erfunden, ein deftiger Enteneintopf mit weißen Bohnen. In **Limoux** (20 km südl.), Hochburg der südfranzösischen Schaumwein-Produktion, wird der Urvater der Champagner hergestellt – der „Blanquette de Limoux". 33 Winzer produzieren hier den Blanquette Brute, den Crémant de Limoux und den Blanquette de Limoux ancestrale AOC, der seit 1531 aus süßen, handverlesenen Mauzac-Trauben hergestellt wird. Sein aufbrausendes Temperament entfaltet er jedoch nur, wenn der Gärungsprozess bei Vollmond im März eingeleitet wird (www.limoux-aoc.com).

INFORMATION

Office de Tourisme, 28, rue de Verdun, F-11890 Carcassonne, Tel. 04 68 10 24 30, www.tourisme-carcassonne.fr

2 Narbonne

Durch Narbonne (51 869 Einw., Großraum 156 373 Einw.), im 2. Jh. Hauptstadt des römischen Galliens, bis ins 8. Jh. Residenz der Westgotenkönige und später Grenzort gegen das maurische Spanien, verläuft die Grenze zwischen Languedoc und Roussillon. Den Bedeutungsverlust als Hafenort, im 14. Jh. versandet, sollte die Eröffnung (1789) des Canal de la Robine rückgängig machen. Doch lag und liegt der Wirtschaftsschwerpunkt im Weinbau.

SEHENSWERT

Die Altstadt beherrschen die unvollendete **Cathédrale St-Just et St-Pasteur** (1272 bis 1332), das ehem. Kloster, das die Kathedrale mit dem Bischofspalast verbindet (1349–1417) und der **Palais des Archevêques** (Erzbischöflicher Palast, Urspr. romanisch). Heute birgt die Trutzburg des Glaubens an der Place de l'Hôtel de Ville die Stadtverwaltung und zwei Museen. Vom **Donjon Gilles Aycelin** (13. Jh.) eröffnen sich Ausblicke auf die Stadt und die antike **Via Dolomitia**, 1997 unter dem Pflaster vor dem Rathaus entdeckt; die Haupteinkaufsachse Rue Cabirol folgt ihrem Verlauf. Ebenfalls bis in römische Zeit reichen die Wurzeln der Häuserbrücke **Pont des Marchands** zurück, die mit einer Ladenzeile den **Canal de la Robine** überspannt. Seine Kais am Cours Mirabeau, beliebte Spazierstrecken mit Elektrobootverleih, wurden frisch saniert. Am östlichen Stadtrand entsteht direkt am Kanal bis 2016 nach Plänen von Lord Norman Foster als Schaufenster der römischen Geschichte in Gallien das **MuRéNa**, das Musée Régional de la Narbonne Antique.

MUSEEN

Das **Musée Lapidaire** in der ehem. Kirche Notre Dame de Lamourguier (urspr. 13. Jh.) präsentiert 1300 gravierte und skulptierte Steine von der Römerzeit bis zur Renaissance in einer audiovisuellen Schau (Place Lamourguier, www.musee-lapidaire.org, Di.–So. 10.00–13.00, 14.00 bis 18.00 Uhr, Erw. 2 €). Ebenfalls in die Römerzeit führt das **Horreum**, ein Warenlager aus dem 1. Jh.; Lastenaufzüge verbanden es mit dem Forum, heute die Place Bistan (7, rue Rouget de Lisle, Okt.–Mai Mi.–So. 10.00–12.00, 14.00 bis 17.00, Juni–Sept, tgl. 10.00–18.00 Uhr, Erw. 4 €). In den ehem. Gemächern der Erzbischöfe zeigt das **Musée d'art et d'histoire** (Juni bis Sept. tgl. 10.00–18.00, sonst Mi.–Mo. 10.00 bis 12.00, 14.00–17.00 Uhr) Fayencen und Wandteppiche, das **Musée archéologique** römische Malereien (Place de l'Hôtel de Ville, Juni–Sept. tgl. 10.00–18.00, sonst Mi.–Mo. 10.00–12.00, 14.00–17.00 Uhr, Erw. 4 €). **Tipp:** Pass Monuments et Musées: 9 € p. P./15 Tage gültig (4 Museen plus Donjon Gilles Aycelin, Trésor de la cathédrale und Maison natale de Charles Trenet).

AKTIVITÄTEN

Ein Erlebnis ist eine **Bootsfahrt** auf dem Canal de la Robine, der Narbonne mit dem Canal du Midi und dem Mittelmeer bei Port-la-Nouvelle verbindet (Anleger Cours Mirabeau, Juli/Aug. tgl. 10.00–18.00, Juni, Sept. 14.00–18.00 Uhr); Verleih von Elektrobooten (Anleger Cours de la République, Tel. 06 03 75 36 98, Mitte Juni–Mitte Sept. tgl. 11.00–19.00 Uhr).

VERANSTALTUNGEN

Höhepunkte: **Festival National de Théâtre Amateur de Narbonne** (Juli, www.festivalnarbonne.org), **L'Hospitalet Jazz Festival** (Aug.), Weihnachtsmärkte **Les Féeries de Noël** (Dez.)

EINKAUFEN

Im Jahr 1901 entwarf Victor Baltard nach Pariser Vorbild die wohl schönste Markthalle der französischen Provinz: **Les Halles de Narbonne** mit Kuttelbergen, Wurstgirlanden, Olivenstollen, Marzipankuchen, Käse, Wein (tgl. 7.00–13.00 Uhr, www.halles-de-narbonne.com).

HOTELS UND RESTAURANTS

Stuck und Stilmöbel prägen € €/€ € € **La Résidence**, in der schon Jean Marais, Louis de Funès und Michel Serrault nächtigten (6, rue 1er Mai, F-11100 Narbonne, Tel. 04 68 32 19 41, www.hotel-laresidence-narbonne.fr). In Fußnähe zur Markthalle bietet das €/€ € **Hôtel de France** hinter der Belle-Époque-Fassade 15 ruhige Zimmer (6, rue Rossini, F-11100 Narbonne, Tel. 04 68 32 09 75, www.hotelnarbonne.com). Sterne-Küche muss nicht unbezahlbar sein, beweist Lionel Giraud mit Kreationen aus dem Midi im € € /€ € € **La Table Saint-Crescent** (68, avenue Général Leclerc, Tel. 04 68 41 37 37, www.la-table-saint-crescent.com). Marktküche mit Meeresfrüchten serviert die € € /€ € € **Brasserie L'Estagnol** (5 bis, cours Mirabeau, Tel. 04 68 65 09 27, http://lestagnol.fr).

UMGEBUNG

Sie sollte Stein für Stein abgebaut und in Amerika aufgebaut werden: die Zisterzienserabtei **Abbaye de Fontfroide** TOPZIEL (11.–18. Jh.), eine der größten Südfrankreichs und einst Bollwerk der katholischen Kirche im Kampf gegen die Katharer. Inmitten der Garrigue-Landschaft (RD 613, 12 km südw.) erhebt sich der Sandsteinbau. Abteikirche, Kreuzgang, Kapitelsaal und die Gärten – u. a. ein Rosengarten mit 3000 Stöcken – können nur bei Führungen besichtigt werden (www.fontfroide.com, Führungen tgl. ab 10.00 Uhr, im Sommer auch Nachtführungen, Erw. 10,80 €). Zur Einkehr empfiehlt sich € € „La Table Fontfroide", zur Unterkunft die Ferienwohnung in der Mühle. Zwischen dem Gebirgszug La Clape und der Ebene von Leucate schützt der 80 km² große **Parc naturel régional Narbonnaise en Méditerranée** Seen, Strände und Sümpfe, wo Flamingos, Fischadler und Störche leben.

INFORMATION

Office de Tourisme, 31, rue Jean Jaurès, F-11100 Narbonne, Tel. 04 68 65 15 60, www.narbonne-tourisme.com

Tipp

Mittelalter pur

Auf eine kulinarische Zeitreise entführt die trutzige Burg von Villerouge-Termenès. Hier wird in den ehem. Stallungen zu Lautenmusik und Gewürzwein mittelalterliche Kost wie geselchtes Schweinefleisch serviert. Als Teller dienen flache Brotlaibe, gegessen wird mit den Fingern. Welche Tischmanieren damals galten, verrät Dame Jeanne während des deftigen Mittagsmahls.

Restaurant médiéval „La Rôtisserie", Château, F-11 330 Villerouge-Termenes, 45 km südw. von Narbonne, Tel. 04 68 70 06 06, www.restaurant-medieval.com, Menü 36/43/44/50 € inkl. Getränke

Narbonne: St-Just und Donjon Gilles Aycelin

3 Béziers

Wein, Oliven und Weizen sorgen seit Römerzeiten für Wohlstand in Béziers (72 970 Einw.), dessen Silhouette sich malerisch über dem Orb erhebt. Die Stadt gab sich im Mittelalter frei und tolerant – bis 1209 der Großteil der Bevölkerung von Kreuzrittern massakriert wurde, um die „Ketzerei der Katharer" auszurotten.

SEHENSWERT

Den Stadthügel von Béziers dominiert die **Cathédrale St-Nazaire** (13.–15. Jh.). Den schönsten Blick auf die Stadt, den Orb mit dem **Pont Vieux** (14.–16. Jh.) und die Weingärten bietet der **Jardin des Évêques** (14. Jh.). Beispiel für die romanische Baukunst des Mittelmeerraums ist die **Église St-Jacques** (um 900), urspr. Augustiner-Abteikirche. Die Hauptstraße der Stadt ist die **Allée Paul-Riquet**; im Süden endet die nach dem Erbauer des Canal du Midi benannte Prachtstraße am Plateau des Poètes, das die Brüder Bühler 1870 als englischen Landschaftspark anlegten – mit Skulpturen von

Injalbert und mehr als 70 botanischen Raritäten. Stierkämpfe und Opernabende gibt's in der **Arena** (www.arenes-de-beziers.com), 1897 eingeweiht und einer der wichtigsten Plätze Frankreichs bei der Féria Mitte Aug. – dann ist Volksfeststimmung in der ganzen Stadt.

MUSEEN

Das **Musée des Beaux-Arts** residiert seit 1859 in zwei Stadtvillen: Das Hôtel Frabrégat (6, place de Revolution) präsentiert alte italienische, spanische und holländische Meister sowie Modernes, das Jean Moulin gehörte; im Hôtel Fayet (Rue du Capus) sind Gemälde und Skulpturen des 19. Jhs. zu sehen. In die Geschichte von Stadt und Region entführt das **Musée du Biterrois** (Caserne St-Jacques, Rampe du 96ème). Eine Sammlung von Vögeln, Insekten, Mineralien und Fossilien besitzt das **Musée d'Histoire Naturelle** (Caserne St-Jacques, alle Museen: Juni–Sept. Di.–So. 10.00–18.00, Okt.–Mai Mo.–Fr. 10.00–17.00, Sa./So. 10.00–18.00 Uhr, Erw. 3 €). Einblicke in die Stierkampfkultur gewährt die Union Taurine Biterroise in der **Espace Taurin** (Espace Plein Sud, Avenue Wilson, Juli/Aug. Di.–So. 10.00–18.00, Sept.–Juni Di.–Fr. 9.00–17.00, Sa./So. 10.00–18.00 Uhr, Erw. 3 €).

VERANSTALTUNGEN

Das Mittelalter lebt bei **Les Caritats** auf (Mai). Ein Okzitanisches Kulturfest ist die **Festa d'Oc** (Juli). Stierkampf gibt es zur **Féria** (Mitte Aug.) und an den **Stierkampftagen** (Okt.).

HOTEL UND RESTAURANT

Hell und modern ist das Ambiente im € **Hôtel des Poètes** (80, allées Paul Riquet, F-34500 Béziers, Tel. 04 67 76 38 66, www.hoteldespoetes.net). Als Idyll am Orb zeigt sich das € € /€ € € **Château de Lignan** (Place de l'Eglise, F-34490 Lignan sur Orb, Tel. 04 67 37 91 47, www.chateaulignan.fr) 10 km nordw. von Béziers.
2008 erkochte sich Fabien Lefebvre vom Restaurant € € /€ € € € **Octopus** den ersten Michelin-Stern (12, rue Boïeldieu, Béziers, Tel. 04 67 49 90 00, www.restaurant-octopus.com). Ein gutes Preis-Leistungsverhältnis bietet € € /€ € € € **La Potinière**, wo Claude Fernandel kocht (15, rue Alfred de Musset, Tel. 04 67 11 95 25, www.lapotiniere-restaurant.com).

UMGEBUNG

Das Oppidum von **Ensérune** (8 km südw.) wurde im 6. Jh. v. Chr. von Marseiller Griechen gegründet und wuchs unter den Galliern zu einer Stadt, vermutlich im 3. Jh. v. Chr. von Hannibal zerstört (http://enserune.monuments-nationaux.fr, Mai–Aug. tgl. 10.00–19.00, April, Sept. tgl. 10.00–12.30, 14.00–18.00, sonst tgl. 9.30–12.30, 14.00–17.30 Uhr, Erw. 5,50 €). Von der Hochfläche öffnet sich ein Ausblick auf die Küste und den Canigou. Gen Béziers blickt man auf den früheren Binnensee von **Montady** – seine Felder bilden ein riesiges Kreisdiagramm.

INFORMATION

Office de Tourisme et des Congrès, 29, avenue St-Saëns, F-34500 Béziers, Tel. 04 67 76 84 00, www.beziers-tourisme.fr

Genießen Erleben Erfahren

DuMont Aktiv

Den Canal du Midi entlang

Die Treidelpfade entlang des Canal du Midi, auf denen einst Ochsen schwere Lastkähne flussaufwärts zogen, gehören heute zu den beliebtesten Strecken für Radtouren.

Start einer sportlichen Tages- oder einer Wochenendtour ist ❹ **Castelnaudary**, die Heimat des Bohneneintopfs Cassoulet. Vorbei am malerischen Grand Bassin werden die vier Schleusen von St-Roch erreicht, wo man über die Brücke ans linke Ufer wechselt und in flotter Fahrt im Schutz der Bäume nach 35 Kilometern Carcassonne erreicht. Nach dem Besuch der imposanten Festung „Cité" geht es am rechten Ufer bis Marseillette, am linken Ufer weiter nach Puichéric, dann zurück am rechten Ufer bis Argens Minervois, wo 1,4 Kilometer auf der Kreisstraße zurückgelegt werden müssen. Wieder auf den Treidelpfaden am rechten Ufer, kreuzt bald darauf der Canal de la Robine den Canal du Midi – und Narbonne ist erreicht. Die Hauptstadt des gallorömischen Frankreichs ist einen ausgedehnten Stopp wert.

Wer dann noch Zeit und Kraft hat, kann bis Béziers weiterradeln, wo der „Vater des Kanals", Pierre-Paul Riquet, geboren wurde – und der Kanal mitten durch einen Berg hindurchführt, ehe die achtstufige Schleusentreppe von Fontsérannes den fulminanten Endpunkt der Tour markiert.

Weitere Informationen

Länge
130 km ohne nennenswerte Steigungen.

Geführte Radtouren
La Bicyclette Verte, 36, route de St-Hilaire, F-79210 Arçais, Tel. 05 49 35 42 56, www.bicyclette-verte.com.

Führer
Philip Calas, Le Canal du Midi à Vélo (auch englisch), Édition Édisud, ISBN 2-7449-0293-4, www.canalmidi.com/guide.html. Association Vélo, Guide N°1, Toulouse-Sète à vélo le long du canal du Midi (nur französisch), erhältlich bei: Association Vélo, 5, avenue Colignon, F-31200 Toulouse, www.cartovelo.com

Den Canal du Midi mit dem Boot abzufahren, macht Spaß, aber wer lieber an Land bleibt, kann Gewässer und Landschaft auch mit dem Rad „erfahren".

Frankreichs katalanischer Winkel

Überall flattert die rot-gelb gestreifte Flagge: Das Roussillon zwischen Mittelmeer und Pyrenäen ist seit Jahrhunderten politisches und religiöses Grenzland – mit katalanischen Wurzeln und Festungen Vaubans, mit den Burgen der „abtrünnigen" Katharer und den Kirchen und Klöstern der römisch-katholischen Kirche, die sie verfolgte. Fünf Jahrhunderte lang war seine Metropole Perpignan trotz wechselnder Machtverhältnisse Kapitale der Katalanen gewesen, ehe die Region mit dem Pyrenäenvertrag 1659 endgültig an Frankreich ging.

Der Kreuzgang der Abtei St-Michel-de-Cuxa am Fuß des Canigou-Massivs wurde teilweise nach New York verkauft.

Bunt zeigen sich die Märkte des Südens:
in Perpignans Altstadtgasse Rue Paratilla.

Der bekannteste Bildhauer aus dem Roussillon, Aristide Maillol (1861–1944), lebte im Hinterland von Banyuls inmitten der familieneigenen Weinberge, aus deren Trauben der gleichnamige mahagonifarbene Süßwein gekeltert wird. Als Modell für seine üppigen Frauenplastiken, die in Perpignan die Place de la Loge, den Innenhof des Rathauses und den Palast der Könige von Mallorca (Foto) zieren, diente die blutjunge Russin Dina Vierny, seinerzeit ein Skandal.

Le Castillet ist das Wahrzeichen Perpignans – mit leicht bitterem Beigeschmack, war es doch im 17. und 18. Jahrhundert ein Gefängnis.

Der Markt auf der Place de la Republique bietet Köstlichkeiten – darunter den berühmten Knoblauch aus Lautrec und Pfirsiche aus Elne.

Perpinyá la catalana“ steht stolz auf dem Ortsschild: Auch 460 Jahre nach dem Anschluss an Frankreich setzt Perpignan auf die katalanische Karte: Jeder Zweite spricht hier im Alltag nicht Französisch, lebt und feiert wie die spanischen Nachbarn. Dienstag- und donnerstagabends trifft sich Alt und Jung auf der Place de la Loge und tanzt die Sardana, den alten Reigen der Katalanen. Zu eigenwilligen Tönen und ungewöhnlichen Rhythmen bewegen sich die Füße in immer wiederkehrenden Schritten auf der Stelle. Dann erheben sich plötzlich die Arme und bilden eine Krone über den Kreis der Tanzenden. So unerwartet, wie das Spektakel begonnen hat, endet es auch – und die Menschen zerstreuen sich, verlieren sich im Gewirr

Jeder Zweite spricht hier im Alltag nicht Französisch, lebt und feiert wie die spanischen Nachbarn.

der hohen, sanft erleuchteten Gassen. In den Bodegas fließt Vino Tinto, in den Restaurants begleitet Arroz Negro, schwarzer Reis, die Meeresfrüchteplatte.

Fast die gesamte Altstadt von Perpignan ist heute Fußgängerzone, umschlossen von einem Boulevardring mit unterirdischem Parkraum. Treffpunkt der Stadt und Ausgangspunkt jeglicher Stadtführungen ist das einzig erhaltene Stück Stadtmauer: Le Castillet, ein wuchtiger Ziegelbau mit katalanischem Heimatmuseum im Innern und Aussichtsplattform auf dem Dach. Gen Osten funkeln die schneebedeckten Bergspitzen der Pyrénées Orientales, gen Westen glitzert das Mittelmeer, gen Süden erhebt sich der Palau del Reis de Mallorca aus den Ziegeldächern der Altstadt. Im 12. Jahrhundert hatte der König von Mallorca die bis dahin autonomen Grafen von Roussillon beerbt. Bis 1344 blieb Perpignan die Residenz des mallorquini-

Bei Vernet-les-Bains liegt die Abtei St-Martin-de-Canigou
abseits der Welt zu Füßen des Canigou.

Filmreife Ruine: Die Burg von Puivert war Kulisse in Roman Polańskis „Die neun Pforten" und „Nomaden der Lüfte", einem Film über Zugvögel.

Okzitanien

Special

Land der Dichter und Sänger

Westlich der Rhône und südlich der Loire erstreckte sich bis zu den Gipfeln der Pyrenäen ein legendäres Land: Okzitanien.

Okzitanien besaß nie staatliche Einheit, sondern umfasste die Herrschaftsgebiete der Häuser Aquitaine, Catalongne und Toulouse, dennoch entwickelte sich eine eigenständige Kultur. Ihre Sprache, die „Langue d'oc", war die erste europäische Literatursprache. An den Höfen huldigten Troubadoure wie Wilhelm von Aquitanien und Bernhard von Ventadorn höfischer Liebe und wurden Vorbild der deutschen Minnesänger. Gern gesehene Gäste an den okzitanischen Höfen waren die Katharer – in den Augen der katholischen Kirche „Ketzer". Von 1209 bis 1244 systematisch verfolgt, starben mehr als eine Million Okzitanen. Nach der Französischen Revolution lösten die Jakobiner 1789 die regionalen Parlamente auf und teilten das Land in Départements, seit Napoleon zentralistisch verwaltet. Der Wille nach Unabhängigkeit und Eigenständigkeit blieb aber ungebrochen. „Volem viure!" – „Wir wollen leben!" – lautet der Leitspruch. Selbstbewusster als je zuvor pflegt Okzitanien seine Kultur: Ortsschilder sind zweisprachig, Okzitanisch ist in Toulouse und Montpellier ein Studienfach, Nationalsport ist Rugby. Und jeden Sommer wird mit Ferias der Stierkampf gefeiert.

Auch die Troubadoure der Moderne kamen aus dem Süden: Georges Brassens aus Sète, Juliette Gréco aus Montpellier und Charles Trenet aus Narbonne. Später schwärmte Claude Nougaro „Ô Toulouse" mit jazzigem Rock und begeisterte Michel Polnareff mit „Love, please love me". Und die Vertreter des Nouvelle Chanson stammen ebenfalls aus dem Midi – Marianne Dissard wuchs in Toulouse auf, Bérangère Palix stammt aus der Ardèche, Olivia Ruiz aus Carcassonne.

schen Königreichs. Für geistlichen Beistand und weltlichen Schutz errichteten die Herrscher zwei Bauwerke, die heute zu den Hauptsehenswürdigkeiten der Stadt gehören: die Kathedrale Sant Joan Baptista bzw. St-Jean-Baptiste, ein düsteres Gotteshaus mit winzigen Fenstern und riesigem Grabfeld Campo Santo im Kreuzgang, und den kantigen Königspalast Palau del Reis de Mallorca bzw. Palais des Rois de Majorque – nach dem Pyrenäenfrieden ummantelten die Franzosen die gotische Residenz mit einer riesigen, sternzackigen Festung. Kirche und Königspalast vereint eine Besonderheit des Mauerwerks: Nicht nur große Steinquader, sondern auch Kiesel und Ziegel schmücken die Fassade.

Die Küste der Künstler

Unter den Künstlern, die Perpignan besuchten, fühlte sich ein Katalane besonders wohl: Salvador Dalí. Sein Monumentalgemälde des Bahnhofs von Perpignan lässt sich heute in der Sammlung Ludwig in Köln bewundern. Die meisten Maler jedoch zog es nicht in die Stadt, sondern hinaus ans Meer mit dem intensiven Licht und den leuchtenden Farben. Ihr Mekka wurde ein kleiner Fischerort an der felsigen Côte Vermeille: Collioure. 1905 kamen Henri Matisse und André Derain und machten den

Elne war zu römischen Zeiten Hauptort des Roussillon. Seine Kathedrale Ste-Eulalie-et-Ste-Julie beeindruckt durch ihren kunstvoll gestalteten Kreuzgang.

Den alten Hafen von Collioure beherrscht eine einstige Residenz der mallorquinischen Könige. Der Kirchturm von Notre-Dame-des-Anges diente zugleich als Seezeichen.

Collioure, katalanisch Cotlliure genannt, ist zusammen mit Argelès-sur-Mer, Port-Vendres und Banyuls-sur-Mer touristisches Zentrum der Côte Vermeille.

„Es gibt in Frankreich keinen blaueren Himmel als den von Collioure. Ich brauche nur die Fensterläden zu öffnen, und schon habe ich alle Farben des Mittelmeeres bei mir."

Henri Matisse, 1905

einstigen Sardinenhafen zum Sujet der Fauvisten. Ihr Treffpunkt war eine Restaurantbar an der Hafenpromenade: das „Les Templiers". Ihr Besitzer René Pous gab sich glücklicherweise auch mit Bildern zufrieden, sollte dem Künstler zum Begleichen der Zeche Bares fehlen. Sein Sohn Jojo, längst auch ein weißhaariger Senior, führte die Tradition fort – heute sind selbst die Stiegen eine Gemäldegalerie.

Kirschen und Kubisten

Häufiger Gast in der „Bar des Templiers" war auch Pablo Picasso. Auch er bezahlte sein Bier mit Bildern. Danach fuhr der gebürtige Andaluse jedoch heim nach Céret, der „Kirschenstadt" am Fuß des Pic de Canigou. Das milde Mikroklima lässt hier die roten Früchte früher als überall sonst in Frankreich reifen – das erste Körbchen erhält, oft schon Mitte April, traditionell der französische Staatspräsident.

1912 und 1913 experimentierte Pablo Picasso mit seinen Künstlerkollegen Georges Braque, Max Jakob, Juan Gris und Auguste Herbin mit Buchstaben, ovalen Formen und Papierschnitzeln – und machte das Bergstädtchen zum Mekka des Kubismus. Ein großartiges Museum der modernen Malerei, dem viele Künstler ihre Werke schenkten, erinnert daran.

Himmel und Hölle

Nur wenige Kilometer weiter hat die Natur ein beeindruckendes Kunstwerk in den Kalk der Pyrenäen geschnitzt: die Gorges de la Fou. Ein kleiner Bach hat bei Arles-sur-Tech diesen bis zu 250 Meter tiefen und 1,7 Kilometer langen Canyon in den Fels gegraben, der an seiner engsten Stelle nur 80 Zentimeter breit ist. Über den Felsnasen glitzert weiß der Gipfel des Canigou, der heilige Berg der Katalanen. Für sie war die Schlucht ein gefürchteter Ort, eben die „Fou", die Hölle, und nicht, wie Frankophile zunächst denken mögen, „verrückt".

Auch für die Katharer lag die Hölle im Diesseits. Die Welt ist des Teufels, so die „guten Christen", und nur das Jenseits ein Gottesreich. Ihr Glauben sollte sich auf das Grausamste bewahrheiten. Ein nichtiger Anlass im Jahr 1208 führte zum gnadenlosen „Albigenser-Kreuzzug" – ob der in Aussicht gestellte Sündenerlass oder eher die reiche Beute reizten, gegen die „Ketzer" zu ziehen? Bis heute erheben sich die Ruinen ihrer Burgen als sichtbare Zeichen des Widerstandes auf den Vorbergen der Pyrenäen: Peyrepertuse, Aguilhar, Quéribus, Puivert und Montségur, mächtige Festungen, getränkt mit dem Blut Tausender – und verbunden durch den Wanderweg „Sentier de Cathare".

Die besten Festivals Südfrankreichs

Südfrankreich laut und leise

Im Sommer ist einiges los in der Region: Neben zahlreichen Sportwettkämpfen an Land und auf dem Wasser locken diverse kulinarische Feste, Musikfestivals und Veranstaltungen für die ganze Familie. Was liegt da näher, als sich die Events anzusehen, die jeweilige Atmosphäre in sich aufzunehmen und sich von der allseitigen Begeisterung anstecken zu lassen?

1

2

1 Jazz in Marciac

Seit 1978 wird in Marciac von Ende Juli bis Mitte August gejazzt: im Zelt, auf dem Dorfplatz und in der Konzerthalle. Mit dabei sind Weltstars wie Marcus Fonseca, Caetano Veloso und Gilberto Gil, aber auch Künstler verwandter Stilrichtungen wie Blues, Weltmusik, Soul und Latin Jazz. Davor oder danach locken Ausstellungen lokaler Galeristen, Kunsthandwerk und gastronomische Spezialitäten wie Leberpastete, Confit, Entenbrust, Armagnac oder die Weine der Côtes de Gascogne.

www.jazzinmarciac.com

2 Veilchenfest

Wenn im Februar in Toulouse die lila Blüten aufgehen, feiert die Metropole auf der Place du Capitole die Fête de la Violette. Seit rund 150 Jahren werden Veilchen an der Garonne kultiviert und auf fast allen Toulouser Märkten angeboten – als Topfpflanze, Strauß oder verarbeitet zu Spezialitäten: Veilchen-Liköre, Cremes, Bonbons, Seife und der Parfümklassiker „Violettes de Toulouse", den Henri Berdoues 1936 als Liebesbotschaft für seine Herzensdame komponierte. Das Aroma liefert nicht die Blüte, sondern das Blatt: Für einen Liter Duftöl wird eine Tonne Veilchenblätter verarbeitet.

www.toulouse.fr

3 Römisches Historienspektakel

Am ersten Maiwochenende übernehmen bei „Les Grands Jeux Romains" die Römer Nîmes, errichten ein Feldlager, tragen in der Arena spannende Gladiatorenkämpfe aus und ziehen zur Siegesfeier durch die Stadt, die wie keine Zweite in der Region ihr antikes Erbe bewahrt hat.

http://grandsjeuxromains.com

4 Viva la Feria

Von Ostern bis Oktober prägen die Stiere das Leben in Südfrankreich. Da gibt es die blutige Corrida, bei der das Tier vom Torero getötet und sein Fleisch in den Restaurants der Stadt vom Feria-Publikum verzehrt wird, aber auch die unblutige Course Camarguaise.

Feria de Nîmes: Pfingsten, Sept., www.arenesdenimes.com
Feria d'Arles: Ostern, Anf. Juli, Sept., www.feriaarles.com
Corrida de Beaucaire: Ende Juli, www.ot-terredargence.fr
Feria de Céret: Juli, www.feriadeceret.com
Feria de Béziers: 15. Aug., www.arenes-de-beziers.com

5 Les Féeries du Pont

Im Juni verzaubern die „Feen der Brücke" den berühmten Pont du Gard. Sobald es abends dunkel wird, illuminieren Lichtkünstler das berühmte Aquädukt in einem Feuerwerk der Farben. Diverse Straßenkünstler und Musiker begleiten die grandiose nächtliche Show. Das Publikum kann vor der legendären Kulisse ganz eintauchen in die Welt der Träume und der Fantasie – und so den Sommeranfang feiern.

www.pontdugard.fr

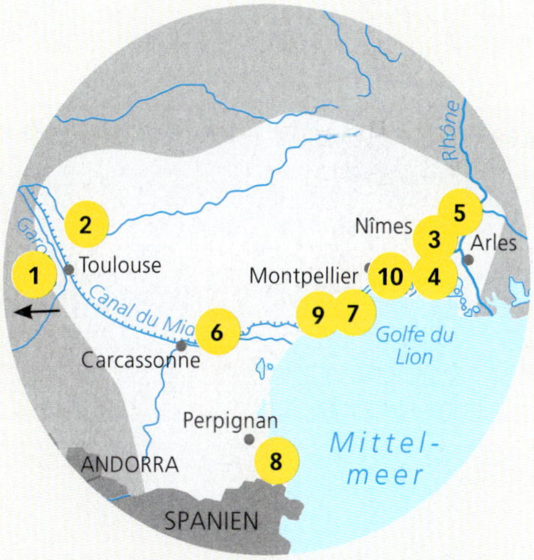

6 Festival de Carcassonne

Johnny Hallyday, Patrick Bruel, Cœur de Pirate, Christophe Willem, Mooriarty: Mitten im UNESCO-Welterbe – in der Cité von Carcassonne – treten im Juli drei Wochen lang die größten Musikstars Frankreichs auf. Gemeinsam locken das IN- und OFF-Festival mit mehr als 120 Konzerten auf 14 Bühnen – 80 sind sogar kostenlos, und viele finden unter freiem Himmel statt.

www.festivaldecarcassonne.fr

7 Festival Worldwide

Ganz der elektronischen Musik verschrieben hat sich das Festival Worldwide. Gegründete vom Londoner DJ Gilles Peterson, bringt es seit mehr als zehn Jahren alljährlich im Juli Sète zum Beben. Wer Hunger hat, schlürft Austern aus Bouziques, knabbert Cevennen-Käse oder genießt eine Zézette de Sète, denn seit einigen Jahren ist die Festivalwoche auch Schaufenster für die Küche des Midi.

www.worldwidefestival.com

8 Les Déferlantes

Placebo, Santana, Sting und Lenny Kravitz gehören zu den Weltstars, die im Parc de Valmy von Argelès-sur-Mer beim Festival „Les Déferlantes" schon auf der Bühne standen. Drei Tage lang rocken die Musiker den Badeort im Roussillon, und das so erfolgreich, dass „Les Déferlantes" alljährlich zu den Top-3-Festivals Frankreichs gehört.

http://festival-lesdeferlantes.com

9 Joutes de Sète

Sète im August: Zwei Ruderboote bewegen sich im Canal Royal aufeinander zu. Am Bug spielen Musiker Tamburin und Oboe, auf der Tribüne an Land heizt eine Kapelle die Stimmung ein. Auf den Plattformen am Ende der Boote macht sich der Fischerstecher („jouteur") bereit: Vor seine Brust hält er sein Schild, in der anderen Hand eine 2,8 m lange Lanze. Jetzt ein schneller Stoß mit der Stahlspitze auf den Gegner. Der wankt, fängt sich – und landet dann doch im Nass des königlichen Kanals. Das Publikum klatscht, die Kapelle spielt einen Tusch, das nächste Team tritt an: Seit 349 Jahren versetzt das Fischerstechen beim St-Louis-Fest Sète in einen Ausnahmezustand.

www.tourisme-sete.com

10 Les Nuits d'O

Konzert und Kino unter dem Sternenhimmel: Seit 2003 verzaubert das Festival in Montpellier die letzten lauschigen Sommerabende im August mit seinem anspruchsvollen Programm. Jeden Abend verbindet ein neues Thema Musik und Film – auf „Ghost Dog" von Jarmusch folgt der Elektroswing von Lyre, auf die finnischen Klänge von Sväng der „petit fugitif" (1953) von Morris Engel.

www.domaine-do-34.eu

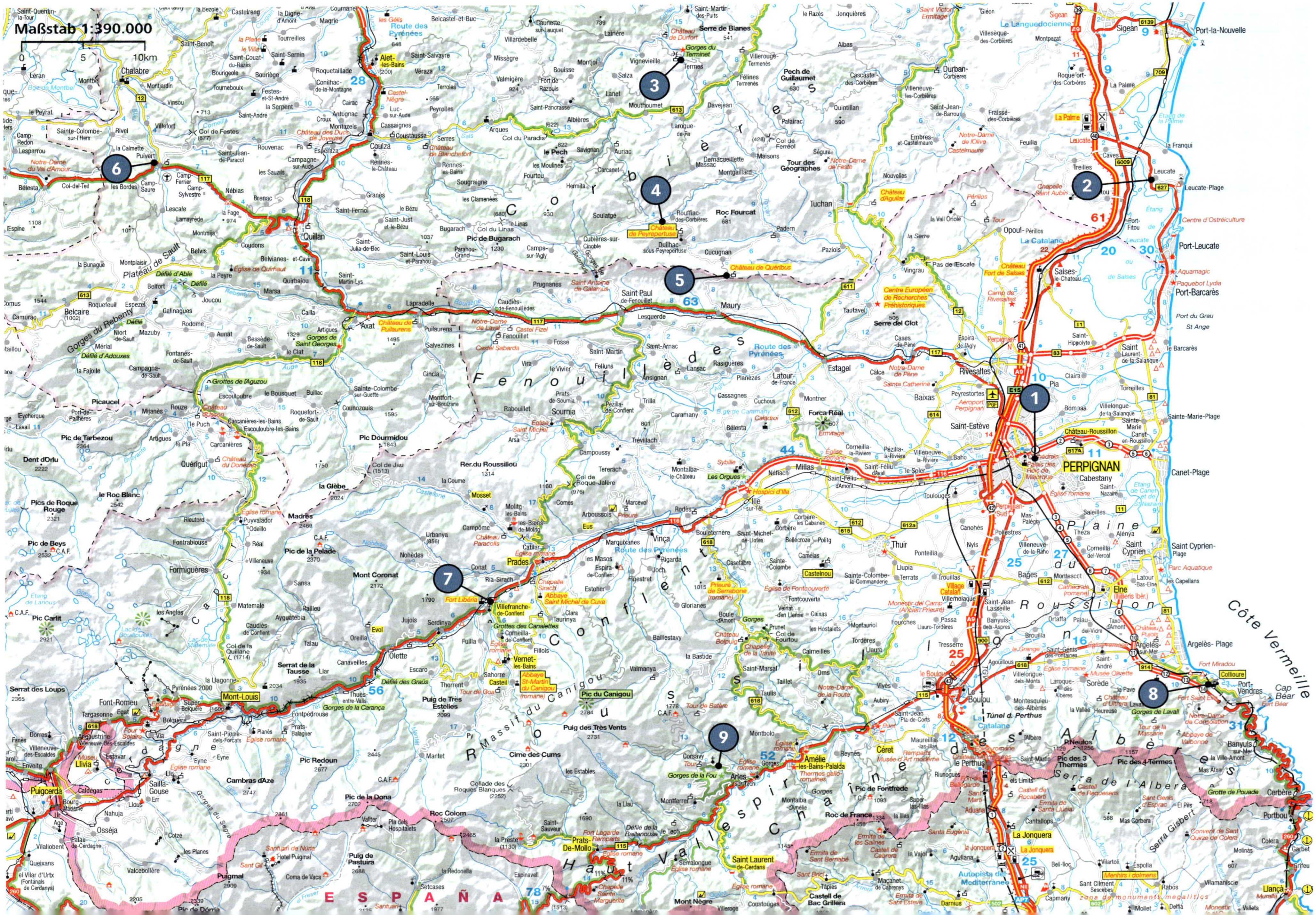

Maßstab 1:390.000
0
5
10km
Côte Vermeille
PERPIGNAN
Corbières
Fenouillèdes
Plaine du Roussillon
Conflent
Massif du Canigou
Les Albères
Chaîne Aspre
Haut Vallespir
Cerdagne
ESPAÑA
Plateau de Sault
Gorges du Rebenty
Port-la-Nouvelle
Sigean
Leucate
Leucate-Plage
Port-Leucate
Port-Barcarès
Canet-Plage
Saint Cyprien-Plage
Argelès-Plage
Collioure
Port-Vendres
Cap Béar
Banyuls-sur-Mer
Cerbère
Portbou
Llançà
Rivesaltes
Saint-Estève
Elne
Thuir
Céret
Le Boulou
Le Perthus
La Jonquera
Amélie-les-Bains-Palalda
Arles
Prats-de-Mollo
Prades
Villefranche-de-Conflent
Vernet-les-Bains
Mont-Louis
Font-Romeu
Puigcerdà
Llívia
Quillan
Axat
Couiza
Alet-les-Bains
Chalabre
Puivert
Estagel
Maury
Saint Paul de-Fenouillet
Tuchan
Durban-Corbières
Pic du Canigou
Puig des Tres Vents
Pic de Bugarach
Roc Fourcat
Pech de Guillaumet
Tour des Géographes
Serre de Blanes
Mont Coronat
Pic de la Pelade
Pic Dourmidou
Pic Carlit
Puigmal
Roc Colom
Tunel d. Perthus
Château de Quéribus
Château de Peyrepertuse
Fort Libéria
Abbaye Saint Michel de Cuxa
Gorges de la Fou
Gorges du Termenet
Gorges de Galamus
1
2
3
4
5
6
7
8
9

Lebenslust zwischen Meer und Gebirge

Fast fünf Jahrhunderte lang gehörte das Roussillon zum Königreich Aragon. Erst 1659 fiel es an Frankreich. Doch in Städten und Dörfern, Kunst und Küche kommt es einem bis heute spanisch vor: Stolz lebt man im Grenzgebiet zwischen den Osthängen der Pyrenäen und der Côte Vermeille die katalanische Kultur – und genießt das Leben.

1 Perpignan

Perpignan (120 500 Einw.), katalanisch Perpinya, ist neben Barcelona wichtigstes Zentrum katalanischer Kultur. 1276–1344 war es als Hauptstadt des Königreichs von Mallorca Mittelpunkt des Festlandbesitzes. Seit 1659 französisch, ist die Stadt heute Départementssitz und lebt von Landwirtschaft und Tourismus.

SEHENSWERT

Fast ein Viertel der **Altstadt** nimmt der **Palais des Rois de Majorque** (urspr. 1276) mit gotischem Rittersaal, fliesen- und freskengeschmückten königlichen Kapellen, Arkaden und der Kapelle Ste-Croix (Rue des Archers, Juni bis Sept. tgl. 10.00–18.00, sonst tgl. 9.00–17.00 Uhr) ein. Die **Cathédrale de St-Jean** (1324–1509) an der Place de Gambetta entstand im regionstypischen Stil aus Ziegeln und Lavagestein und besitzt einen gotischen Glockenturm aus Schmiedeeisen. Mit rosa Marmor gepflastert ist der alte Markt der Tuchhändler **Place de la Loge**. Die gotische **Loge de la Mer** (14. Jh.) diente als Börsengebäude und Seegerichtshof. Darauf folgt das Rathaus **Casa Consolar** (14. Jh.). Das Parlament der Region sitzt im **Palais de la Députation** aus dem 15. Jh. Einblicke in kaufmännische Wohnkultur von einst gewährt die **Casa Xanxo** (1507, 8, rue de la Main de Fer, Di.–So. 10.30–18.00 Uhr, Eintritt frei). Alte Häuser und angenehme Restaurants säumen am Quai Sébastien Vauban das Ufer der Basse.

MUSEEN

Der Torbau **Le Castillet** (14. Jh.), Rest der Stadtmauer, birgt das **Musée Casa Païral** mit Exponaten zu Traditionen und Handwerk und bietet schöne Blicke auf die Stadt und das Umland (Di.–So. 10.30–18.00 Uhr, Erw. 2 €). Das **Musée des Beaux-Arts Hyanzinthe Rigaud** zeigt u. a. Gemälde von Dufy und Picasso sowie Skulpturen von Aristide Maillol (16, rue de l'Ange, Di.–Sa. 10.30–18.00 Uhr, Erw. 4 €).

AKTIVITÄTEN

Samstagabends, wenn die Rot-Gelben im Stade Aimé Giral kämpfen, ist die Stadt im **Rugbyfieber** – ihr Club USA Perpignan (www.usap.fr) gehört zu den besten Frankreichs.

Ausritt am Wasser, Leucate
Mächtige Festungsanlage: Salses

EINKAUFEN

An eine orientalische Marktgasse erinnert die **Rue Paratilla** mit ihren überbordenden Auslagen. An der Place de Catalogne befindet sich das Kaufhaus Dames de France (1910). In der **Maison Quinta** (3, rue Grande des Fabriques, www.maison-quinta.com) dreht sich auf vier Etagen alles um die katalanische Lebensart.

HOTEL UND RESTAURANT

Edith Piaf, Orson Welles, Salvatore Dalí und Antoine de St-Exupéry haben schon im **€ € € €** **Hôtel de France** logiert (26, quai Sadi Carnot, F-66000 Perpignan, Tel. 04 68 34 92 81, www.hoteldefrance-perpignan.fr).
Eine Tapas-Platte mit Meeresfrüchten und Arroz Negro ist die Spezialität der Brasserie **€ /€ € La France** (Place de la Loge, Tel. 04 68 51 61 71).

INFORMATION

Office de Tourisme, Palais des Congrès, Place Armand Lanoux, BP 40215, F-66002 Perpignan Cedex, Tel. 04 68 66 30 30, www.perpignantourisme.com

2 Leucate

Weiße Felsen (griech. Leukos) gaben dem Küstenort seinen Namen. Im Winter leben hier 4100 Menschen – im Sommer tummeln sich bis zu 60 000 Feriengäste am 16 km langen Strand. Beliebt ist Leucate bei Surfern, die auf den Étangs von Leucate und Salses, in La Franqui und am Cap Leucate ideale Bedingungen vorfinden. Im Mittelalter war Leucate Grenzort zu Spanien und durch seine exponierte Lage Kontrollposten für den Land- und Seeverkehr. Leucate besteht aus vier Ortsteilen: dem alten Dorf Leucate Village, über dem eine Burgruine aus dem 11. Jh. thront, dem Strandbad Leucate Plage, dem im frühen 20. Jh. gegründeten Badeort La Franqui und der modernen Feriensiedlung Port Leucate mit Platz für 1100 Boote.

AKTIVITÄTEN

In dem Ferienort für Aktive stehen **Mountainbiken** und alle Arten von **Wassersport** hoch im Kurs. Einmalig in Europa ist der **Skyfly** – mit einem gesicherten Drachen können Gäste 12 m hoch über Strand und Mittelmeer fliegen.

VERANSTALTUNGEN
Dix Kilomètre de la Corrège ist ein Langstreckenlauf (März, www.10kmdelacorrege.com), ein Kite- und Windsurf-Wettbewerb **Mondial du Vent** (April, www.mondial-du-vent.com), ein katalanisches Volksfest **Sol y Fiesta** (Mai, www.solyfiesta.fr).

HOTELS UND RESTAURANTS
In Leucate dominieren Ferienwohnungen. Eine einfache Herberge mit guter Küche ist das € **Hotel de la Plage** (10, avenue du Front-de-Mer, F-11370 La Franqui, Tel. 04 68 45 70 23, www.hotel-de-laplage.com). In einem alten Stadthaus schuf der Maler Nicolas Galtier das Bed & Breakfast € € **La Galerie** mit moderner Kunst, Antiquitäten und eigenen Werken (16, place de la République, F-11370 Leucate-Village, Tel. 04 68 40 82 46, www.nicolas-galtier.com). Oberhalb der Klippen servieren Stéphanie & Alexandre Klimenko im €€/€€€ **Klim & Ko** (Le Grand Cap, Chemin du Phare, www.klimenko.fr) feine Meeresküche – mit Meerblick.

UMGEBUNG
Die Festung von **Salses TOPZIEL** (25 km südw.) mit 10 m dicken Mauern, Zugbrücken und abgerundeten Türmen, um Kanonenkugeln abzulenken, ließ König Ferdinand von Aragon um 1500 an der Grenze des katalonischen Roussillon zum Languedoc errichten (Salses-le-Château, http://salses.monuments-nationaux.fr, April–Sept. tgl. 10.00–18.30, Okt.–März 10.00–12.15, 14.00–17.00 Uhr, Erw. 7,50 €). Safari-Feeling vermittelt die 300 ha große **Réserve africaine de Sigean** (25 km nördl.). 3800 wilde Tiere streifen durch die „Steppe", Tausende Pelikane und Flamingos bevölkern die Gewässer (www.reserveafricainesigean.fr, April–Sept. tgl. 9.00–18.30, sonst kürzer, Erw. 31 €).

Tipp

Flammende Freundschaft

Der Canigou (2784 m) ist der heilige Berg der Katalanen und Symbol ihrer kulturellen Einheit. Als Zeichen grenzüberschreitender Freundschaft wird daher im Juni das „Focs de St-Jean" gefeiert. Am 22. Juni bringen drei Gebirgler die „ewige Flamme" aus dem Castillet in Perpignan, dem früheren Staatsgefängnis, auf den meist noch schneebedeckten Gipfel. Um Mitternacht werden dort unzählige Flammen entfacht und in die katalanischen Dörfer und Städte getragen, bis nach Spanien, Italien, Portugal und in die Schweiz. Am Abend des 23. Juni werden die Flammen in den Gemeinden mit einem großen Fest empfangen, das in Perpignan bis in die Morgenstunden gefeiert wird.

INFORMATION
Office Municipal de Tourisme, Espace Culturel, F-11370 Leucate, Tel. 04 68 40 91 31, http://de.tourisme-leucate.fr

3 – 6 Katharerburgen

Die Katharerburgen, auf Bergen und Felskammen vor allem der Corbières gelegen, sind Zeugen des Kampfes zwischen der katholischen Kirche und den Abtrünnigen im unabhängigen Süden. 1210 hielt Lehnsherr Raymond de Termes vier Monate der Belagerung stand – erst der Wassermangel zwang die Katharer, 3 **Château de Termes** aufzugeben. 4 **Festung Peyrepertuse** auf einem Felsrücken über dem Dörfchen Duilhac besteht aus Unter- und Oberburg. Als letztes Widerstandsnest der Katharer wurde 1255 5 **Château de Quéribus** eingenommen. 6 **Château de Puivert** war im 12. Jh. die Burg der Troubadoure, Vorbilder der Schauspieler und Sänger im Freilichttheater. Die 220 Katharer, die sich auf **Montségur** (westl. Puivert außerhalb der Detailkarte, südl. Lavelanet) verschanzt hatten, wurden nach der Einnahme der Festung 1244 auf Scheiterhaufen verbrannt.

MUSEEN
Die Lebensweise der Katharer lässt sich im **Château-Musée Montségur** nachvollziehen (Jul./Aug. tgl. 9.00–19.00 Uhr, sonst kürzer, Erw. 5 €). Das Museum im **Château de Villerouge-Termenès** (östl. Termes) zeichnet das Leben des Katharerführers Guilhèm Bélibaste nach (Juli/Aug. tgl. 10.00–19.30, April–Juni, 1. Okt.-Hälfte Mo.–Fr. 10.00–13.00, 14.00–18.00, Sa./So. 10.00–18.00, März, 2. Okt.-Hälfte–Dez. Sa./So. 10.00–17.00 Uhr, Erw. 2 €). Über die Troubadoure informiert das **Musée du Quercorb** (16 rue Barry du Lion, Puivert, www.museequercorb.com, Mitte Juli–Aug. tgl. 10.00 bis 19.00, April–Mitte Juli, Sept. 10.00–12.30, 14.00–18.00, Okt. 14.00–17.00 Uhr, Erw. 4 €).

VERANSTALTUNG
Zur **Grande Fête Médiévale de Peyrepertuse** (Aug.) gehören Falkner-Vorführung, Mittelalter-Bankett, Markt und Ritterspiele.

AKTIVITÄTEN
Der 200 km lange **Sentier Cathare** verläuft vom Meer bis an die Pyrenäen südlich von Toulouse. Bei den Aufstiegen zu den Burgen auf feste Schuhe und viel Trinkwasser achten!

INFORMATION
Association des sites du Pays Cathare, 14, rue du 4 septembre, F-11000 Carcassonne, Tel. 04 68 11 37 97, www.payscathare.org

Rugbyfieber in Perpignan (oben)
Im „Les Templiers" von Collioure (unten)

7 Villefranche-de-Conflent

1092 gründeten die Grafen der Cerdagne am Treffpunkt von Têt, Cady und Rotja „Vila Franca". Es wurde 1681 von Vauban mit sechs Bastionen verstärkt und ist eine von 14 Stätten des UNESCO-Welterbes „Vaubans Festungsbauten".

SEHENSWERT
Zugang zur **Cite Médiévale** gewähren die Porte de France und die Porte d'Espagne. Die beiden Hauptstraßen St-Jean und St-Jacques flankieren mittelalterliche Fassaden. Aufgang zur Stadtmauer (16./17. Jh.) ist 32, rue Saint Jacques. Zum von Vauban angelegten und von Napoleon verstärkten **Fort Liberia** (17.–19. Jh., www.fort-liberia.com, Juli, Aug. tgl. 9.00–20.00, Mai, Juni 9.00–19.00, sonst 9.00–18.00 Uhr, Erw. 7 €) verkehrt ein Bus. Zurück geht es über die von Napoleon angelegte unterirdische Treppe Mille Marches mit 775 Stufen.

UMGEBUNG
Prades war Exil des Cellisten Pablo Casals (1876–1973), an den beim Bach-Festival in der Ortskirche St-Pierre und der **Abtei St-Michel-de-Cuxa** (urspr. 10. Jh.) erinnert wird.

INFORMATION
Point Information Tourisme, 2, rue Saint Jean, 66500 Villefranche de Conflent, Tel. 04 68 96 22 96, http://villefranchedeconflent-tourisme.blogspot.de, www.office-de-tourisme-canigou-fenouilledes.com

Als Zeichen grenzüberschreitender Freundschaft wird im Juni das „Focs de St-Jean" gefeiert.

8 Collioure

Zwei Dinge machten **Collioure** (3082 Einw.) berühmt: Anchovis – und die Fauves-Maler („die Wilden"), die den Hafenort an der Côte Vermeille häufig malten. Heute ist der Tourismus wesentliche Einkommensquelle – entsprechend sind die Wassersportangebote.

SEHENSWERT

1905 entdeckten Henri Matisse (1869–1954) und André Derain (1880–1954) Collioure; der **Chemin du Fauvisme** dokumentiert mit 20 Stationen, wie die Fauvisten ihr Sujet festhielten. Zu den Motiven gehörte die Wehrkirche **Notre-Dame-des-Anges,** 1684–1691 von Vauban errichtet; ihr Inneres birgt neun Schnitzretabeln. Ihr Glockenturm war zugleich Leuchtturm. Motive fanden die Maler auch im **Vieux Carré du Moure**. Das **Château Royal** auf dem Fundament eines Castrum, 1276–1344 Sitz der Könige von Mallorca, erhielt sein heutiges Gesicht bis 1673 unter Vauban (Juli/Aug. 10.00–19.00, Juni, Sept. bis 18.00, Okt.–Mai 9.00–17.00 Uhr).
Nicht aus der hiesigen Küche wegzudenken sind **Anchovis** – in Collioure und **Port-Vendres** werden sie seit jeher gefischt und verarbeitet (Betriebsbesichtigungen: Ets. Roque, 17, Route d'Argeles/Mer, Tel. 04 68 82 04 99, Ets. Desclaux, 3, route d'Argeles/Mer, Tel. 04 68 82 05 25, http://anchois-roque.fr, Mo.–Fr. 8.15–11.45, 14.05–16.45 Uhr, Eintritt frei).

MUSEUM

Im **Musée d'Art Moderne** sind u. a. Werke von Balbino, Giner, Descossy, Perrot, Baloffi und Cocteau zu sehen (Route de Port Vendres, www.collioure.net/museedartmoderne, Juli/ Aug. tgl. 10.00–12.00, 14.00–18.00, sonst Mi. bis Mo. 10.00–12.00, 14.00–18.00 Uhr, Erw. 3 €).

HOTEL UND RESTAURANT

Im € € **Hôtel Les Templiers** konnten viele Künstler Kost und Logis mit Werken bezahlen (12, quai de l'Amirauté, F-66190 Collioure, Tel. 04 68 98 31 10, www.hotel-templiers.com).
Die Küche des € € /€ € € **Le Trémail** hat viele Fans (1, rue Arago, Tel. 04 68 82 16 10).

UMGEBUNG

Ausblick auf Küste und Pyrenäen bietet sich vom Signalturm **Tour de la Madeloc** (westl.), zu dem die D 86 und Wanderwege führen.
Das 15 km nördlich liegende **Elne** (www.ot-elne.fr) ist die älteste Stadt des Roussillon und war vom 6.–17. Jh. Bischofssitz; die Cathédrale Ste-Eulalie-et-Ste-Julie geht aufs 11. Jh. zurück.
Kunstfans sollten nach **Céret** (30 km westl., www.ot-ceret.fr, Erw. 8 €) fahren, einst Mekka für Kubismuskünstler – das Musée d'Art Moderne (www.musee-ceret.com, Juli–15. Sept. tgl. 10.00–19.00, 16. Sept.–Juni Mi.–Mo. 10.00–18.00 Uhr) besitzt mehr als 50 Werke von Picasso und Chagalls „Kuh unter dem Regenschirm".

INFORMATION

Office de Tourisme, Place du 18 juin, F-66190 Collioure, Tel. 04 68 82 15 47, www.collioure.com

Genießen Erleben Erfahren

DuMont Aktiv

In den Gorges de la Fou

Sie gilt als schmalste Schlucht der Welt und Heimstätte von Furcht erregenden Geistern und Hexen: die Gorges de la Fou unterhalb des Mont Canigou (2784 m), des heiligen Berges der Katalanen.

Zwei Kilometer flussaufwärts von Arles-sur-Tech 9 im Vallespir endet die Zufahrt zur Schlucht an einem kleinen Parkplatz, hinter dem rötliche Felsen aufragen. Ausgerüstet mit einem Schutzhelm geht es am Rand des Wildbaches Richtung Klamm, wo eine 1,2 Kilometer lange Wanderung durch eine fast unwirkliche Spalte im Berg beginnt – bis auf einen Meter rücken die mehr als 200 Meter hohen Felswände an die Wanderer heran.

Auf Gitterrosten gelangt man immer weiter aufwärts, während sich ein Bach über Felsen in die Tiefe stürzt. Faszinierend ist die Vegetation im Zwielicht der schroffen Felsen. Dann führt der Weg unter den Felsen hindurch, verläuft durch einen Tunnel und überwindet stufenreich starkes Gefälle. Für Sicherheit und Beruhigung sorgen Netze, die herabfallende Steine auffangen, und Notfall-Telefone. Nach rund 50 Minuten endet der Stahlgitterweg auf einem kleinen Plateau, das mit Sitzmöglichkeiten zur Rast lädt.

Weitere Informationen

Allgemein
Les Gorges de la Fou, F-66150 Arles-sur-Tech, Tel. 04 68 39 16 21, www.tourisme-haut-vallespir.com, April–Sept. 10.00 bis 18.00, Okt. 10.00–17.00 Uhr.

Unterkunft
Der alte katalanische Hof „Can Rigall", birgt zwölf rustikale Zimmer (Buchung: Basecamp Explorer Pyrenees, P. O. Box 24, F-66150 Arles-sur-Tech, Tel. 06 29 85 64 40, www.basecamp explorer.com).

Schwindelfrei sollten Besucher der Klamm schon sein; …

… Klaustrophobiker könnten sich in den Gorges de la Fou ebenfalls unwohl fühlen.

Roter Backstein und blauer Pastel

Toulouse, la ville rose. Fast zärtlich wird der Name genannt, fast so, als könne ein Zauber verfliegen. Toulouse, die rötliche Stadt, ist einer rühmlichen Vergangenheit und – dank Airbus – hoch fliegenden Zukunftsplänen gleichermaßen verpflichtet. Wenn das Licht des Tages über die Fassaden und Dächer der Großstadt im Bogen der Garonne gleitet, leuchtet der Backstein von Gold bis Tiefrot, brennt „Tolosa", das alte Zentrum Okzitaniens, in den Farben des Südwestens.

Toulouser Abendstimmung an der Garonne – mit der Brücke Pont St-Pierre und der Kuppel der Chapelle Saint-Joseph de la Grave

Die Arkaden an der Place du Capitole schmückt moderne Kunst
mit Szenen aus der Stadtgeschichte.

Natur als multimediale Inszenierung: Museum für Naturgeschichte

Ein Schloss für die Stadtherren: das Rathaus der „Capitouls" an der Place du Capitole

„Du römisches Toulouse, in dem ich in schöneren Zeiten die Dichtung als Blumen pflückte."

Victor Hugo, 1831 in seinen „Herbstblättern"

Ihre bewegte Geschichte erzählt die „Galerue" auf 29 Deckengemälden in den Arkaden der Place du Capitole. Sie berichten vom Wirken der „Capitouls", der Ratsherren, und der „Trobadors", vom Katharerkreuzzug, Luftfahrtpionieren, Musikersöhnen wie Carlos Gardel und Claude Nougaro und der Rugby-Leidenschaft des französischen Südens. Als das Areal vor dem Rathaus neu gepflastert wurde, beauftragte die Stadt den Künstler Raymond Moretti, ein fast 20 Tonnen schweres Kreuz des Languedoc anzufertigen. Im Licht der Abendsonne erstrahlt das tagtäglich von vielen tausend Füßen polierte Bodenmotiv aus Bronze als leuchtender Stern. Ein schönes Symbol für die Stadt – von den Zeiten zwar geschliffen, dennoch glanzvoll geblieben.

An der Place St-Georges rücken Kellner in langen weißen Schürzen die Tische für den Mittagsgast zurecht. Das Viertel wurde in den 1970er-Jahren großteils neu aufgebaut, doch erwies die moderne Architektur dem traditionellen Backstein ihre Reverenz. Behutsam restauriert wurden auch die Wasserstraßen, Brücken und Schleusenanlagen des Canal du Midi. Industriegebäude, Handelshäuser und Bürgervillen ließ der frühere Langzeitbürgermeister Dominique Baudis umbauen, ein Kornspeicher wurde Konzertsaal, das Schlachthaus angesagtes Museum für moderne Kunst. Mit einem Spagat von Canaletto bis Bonnart lockt die „Fondation Bemberg" Besucher in die Räume des Hôtel Assézat. Das prachtvolle Renaissancepalais zählt zu den eindrucksvollen Zeugen jener Zeit, die Basis für den Reichtum und Unabhängigkeitswillen der Stadt war. Das Geheimnis liegt im unscheinbaren gelb blühenden Pastel oder Färberwaid, heute eher als Wildkraut betrachtet. Es lieferte den Tuchmachern des mittelalterlichen Europa die damals meistverlangte Farbe: Blau. Die Händler, Pastellprinzen genannt, verewigten ihren schnellen Reichtum in Steinen, die himmelwärts wiesen: in Türmen aus Backstein, die nur eine Botschaft kannten – je höher, desto reicher.

500 Jahre später gilt dies noch immer, wie die 55 Meter hohe Kopie der Trägerrakete „Ariane V" beweist. Das Wahrzeichen des Erlebnismuseums „Cité d'Espace" soll die führende Rolle der Hauptstadt Okzitaniens auf dem Gebiet der Weltraumtechnik hervorheben. Der Traum vom Fliegen hat schon früh die Stadt geprägt. 1890 erhob sich hier Clément Ader mit seiner „Eole" in die Luft. Heute bildet die Clément-Ader-Halle auf dem Airbus-Gelände den größten Montagekomplex Europas – 277 Tennisplätze hätten darin Platz. Nicht

Abendlicher Treff:
die Brasserie „Bibent" an der Place du Capitole

Auf dem Marché Victor Hugo in der Markthalle
gibt es weit mehr als Käsesorten

Für regionalen Wein, Käse und Charcuterie ist die Traditions-Weinbar „Père Louis" in der Rue du Tourneurs bekannt.

weniger ambitioniert wird für das leibliche Wohl der Airbus-Manager und ihrer Gäste gesorgt: Der Zwei-Sterne-Koch Michel Sarran ersteht seine Zutaten an den 100 Ständen des Marché Victor Hugo – Foie Gras bei Massat, Fisch bei Bellocq, Käse chez Betty.

Kunstvolles Tarntal

Nicht mit verführerischer Küche, sondern mit der Kunst ist der Name Albis verbunden. 1864 wurde in der Stadt am Tarn ein Mann in die uralte, einflussreiche Familie der Grafen von Toulouse hineingeboren, der später für seine ungeschminkten Szenen aus dem Pariser Nachtleben weltberühmt wurde: Henri de Toulouse-Lautrec. Eine Erbkrankheit und zwei Beinbrüche machten ihn mit 14

Im Licht der Abendsonne erstrahlt das tagtäglich von vielen tausend Füßen polierte Bodenmotiv aus Bronze als leuchtender Stern.

Jahren zu einem kleinwüchsigen Krüppel. Im Leid entdeckte der junge Adlige seine Liebe zur Malerei. 1881 zog er nach Paris. Eine Bleibe fand er auf Montmartre, mitten im Milieu der Dirnen und Künstler. Das nächtliche Treiben in den Bars und Bordellen wurde seine Inspirationsquelle, Alkohol ließ ihn sein körperliches Elend vergessen. Als er mit 36 Jahren im Schloss von Malromé starb, hinterließ er sein Œuvre seiner Geburtsstadt Albi: mehr als 500 Ölgemälde, Zeichnungen und Lithografien, die seit 1922 hinter den dicken Backsteinmauern des Palais de Berbie im Musée Toulouse-Lautrec bewundert werden können.

Zu den Bewunderern des Malers gehört der Meisterbäcker St-Honoré, der ihm zu Ehren den „Gâteau Lautrec“, den „Lautrec-Kuchen“, kreiert hat: Bananen-Karamell auf Mousse de Chocolat.

Zu den im 13. und 14. Jahrhundert planmäßig und schachbrettartig errichteten sogenannten Bastides, Festungsstädten, gehört ein von Arkaden gesäumter zentraler Marktplatz – Montauban bildet da keine Ausnahme.

Albis großer Schatz:
Toulouse-Lautrec-Museum

Wochenmärkte – hier in Gaillac – sind im Süden Frankreichs noch eine Selbstverständlichkeit.

Albi am Fluss Tarn: Die Gärten und Terrassen des Palais de la Berbie wurden im 17. Jahrhundert „à la française" angelegt – mit akkurat geschnittenen Büschen und Pflanzenornamenten.

Sein Laden in der Rue St-Julien liegt nur einen Steinwurf vom Museum entfernt, mitten in der Altstadt, die Albi wegen der hier verwendeten Mauerziegel den Beinamen „La Rouge" eingebracht hat: roter Backstein, wohin man schaut – selbst die riesige Kathedrale mit ihren bis zu sechs Meter dicken Mauern wurde in Ziegelbauweise errichtet, ein Weltrekord. 2010 wurde die alte Bischofsstadt als Weltkulturerbe in die Liste der UNESCO aufgenommen.

Antikes Rebenland

Das südliche Tarntal zwischen Albi und Toulouse gehört zu den ältesten Weinbaugebieten Frankreichs. Bereits vor der Ankunft der Römer wurden rund um Gaillac Reben gekeltert. Zeugnis geben davon Töpferfunde aus dem zweiten Jahrhundert vor Christus, die bei Montans am linken Tarnufer gefunden wurden. Als offizieller Beginn „neuzeitlichen" Weinbaus gilt die Gründung der Benediktinerabtei St-Michel im Jahr 972, die zum Zentrum des Weinbaus avancierte und im Mittelalter den „Vin de Coq" aus Gaillac bis nach England und in die Niederlande exportierte.

Beschauliche Trägheit

Bereits im 13. Jahrhundert legten die Grafen von Toulouse eine Qualitätscharta für Gaillac-Weine fest. Auf den sanft gewellten Hügeln zwischen den Ufern des Tarn und den Kalkböden bei Cordes-sur-Ciel werden bis heute vorwiegend alte einheimische Rebsorten wie Mauzac, Duras, Braucol und Len de l'El angebaut, die nur in diesen Lagen zu finden sind. Taubenhäuser und Pinien erheben sich aus dem Grün der Rebfläche, eine beschauliche Trägheit liegt über dem Land. Verschifft wurden die Weinfässer von den beiden Flusshäfen Lisle-sur-Tarn und Rabastens. Letzterer ist bis heute in aller Munde, ist er doch Bestandteil der beliebten Redensart: „Être entre Gaillac et Rabastens", „zwischen Gaillac und Rabastens sein", bedeutet im Volksmund „betrunken sein".

Die schönsten Outdoor-Erlebnisse

Wasser, Salz und Sterne

Südfrankreich hat noch wesentlich mehr zu bieten als geschichtsträchtige Städte, Strände und Meer: Wer die Region aktiv erkunden will, findet viele aufregende Möglichkeiten zu paddeln, zu wandern und zu klettern und kann sogar einen Hundeschlitten lenken lernen. Landschaft und Angebote sind vielfältig – da sind denkwürdige Erlebnisse garantiert!

1 Auf zur Salinentour!

Seit der Antike wird an der südfranzösischen Küste in Salzpfannen das weiße Gold des Meeres gewonnen. Welche Arbeiten die Sauniers im Jahreslauf verrichten und wie sie das grobe „sel gris", und die kostbare „fleur de sel" (Salzblume) gewinnen, verraten Führungen.

Compagnie des Salins du Midi, Route du Grau-du-Roi (RD 979), 30220 Aigues-Mortes, Tel. 04 66 73 40 24, www.visitesalinsdecamargue.com, Touren März bis Nov. im Mini-Zug Erw. 9,80 €, April–Okt. auch im e-Car 3,5 Std., Erw. 38 €, per Mountainbike 3 Std., Erw. 25 €, mit eigenem Rad 18 €.

Le Salin de La Palme, Kutschentour 45 Min., Erw. 13,90 €, April–Sept. Fr.–So. mehrmals tgl., Minizug 50 Min. Erw. 7,90 €, April bis Okt. mehrmals tgl.

2 Draisinenfahrt

Hoch über dem Tal des Cernon locken zwei Ausflüge auf Schienensträngen. Kinderleicht und familienfreundlich ist die Strecke „Les Orchidées", die auf 8 km mit leichtem Gefälle Aussichten auf das Templerstädtchen und die Landschaft eröffnet. Mehr Kondition erfordert die Rundroute „Les Papillons" mit einer Steigung von 1,8 %, großem Viadukt und drei Tunneln.

Vélorail du Larzac, Bahnhof, 12230 Sainte-Eulalie-de-Cernon
Tel. 05 65 58 72 10, www.veloraildularzac.com

3 Paddeltour am Pont du Gard

Wer mag, kann ein Boot mieten und auf dem Gardon unter dem historischen Brückenbogen hindurchgleiten. Los geht's am Pont Saint-Nicolas de Campagnac.

Kajak Vert, 8, chemin Saint Vincent, 30210 Collias, Tel. 04 66 22 80 76, www.canoe-france.com

Canoe Le Tourbillon, Chemin du Gardon, 30210 Collias, Tel. 04 66 22 85 54, www.canoe-kayak-gard-gorgedugardon.com

Canoe Collias, rive droite, 30210 Collias, Tel. 04 66 22 87 20, www.canoe-collias.com

Natu'Rando, 301 Chemin du Garrège, 30210 Vers Pont-du-Gard, Tel. 06 67 11 49 19, http://natu-rando.com

4 Wandern in der Camargue

Salzwiesen und Schilf, Dünen und Deiche: Durch die amphibische Landschaft führen drei Naturlehrpfade mit 500 m, 1,5 und 4 km Länge, die am neuen Centre du Scamandre von Vauvert beginnen. Das 146 ha große Naturschutzgebiet ist ein Paradies für Vogelfreunde – neben Ibissen lassen sich hier auch neun Reiherarten beobachten. Tolle Tipps für Touren zu Fuß oder mit dem Rad enthalten die kostenlosen Faltblätter vom Infozentrum.

Centre du Scamandre, Route des Iscles Gallician, 30600 Vauvert, Tel. 04 66 73 52 05, www.camarguegardoise.com

5 Im Seekajak die Küste entdecken

Im Norden des Languedoc haben sich Tarn, Hérault und andere Flüsse tief ins Kalkgestein eingeschnitten und bieten spektakuläre Schluchten und klares Wasser. Die traumhafte Küste ist jedoch noch ein Geheimtipp für Kanuten. In Sète können sie bei geführten Trips die Kanäle des „Venedig des Languedoc" und weite, stille Étangs entdecken, die köstliche Austern liefern.

Kayakmed, Le Môle Saint-Louis, 34200 Sète, Tel. 04 67 74 49 23, www.kayakmed.com

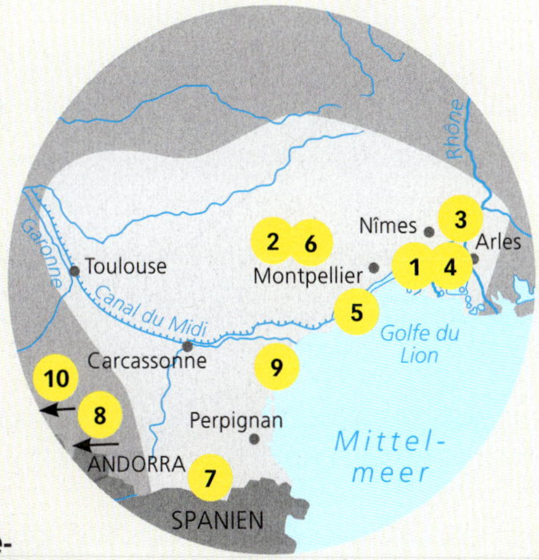

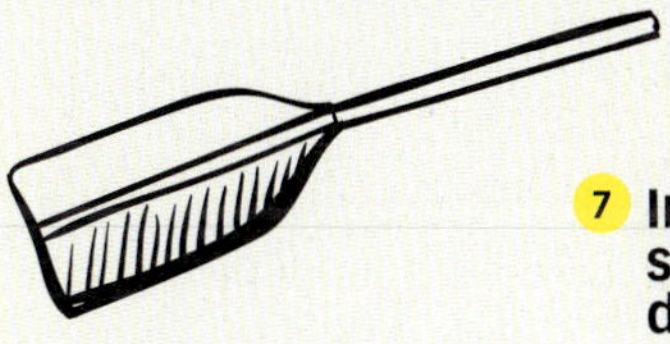

6 Stand-Up-Paddling am Lac du Salagou

In Frankreich ist es hip: das SUP, wie die Szene das „Stand-up-Paddling“ nur nennt. Am Lac du Salagou verraten Guides in Blitzkursen, wie das Paddeln im Stehen auch Anfängern gelingt. Das Beste: Der Balanceakt auf dem Board bringt nicht nur Heidenspaß, sondern ist zugleich das perfekte Ganzkörpertraining. Wer will, kann sich völlig auspowern – oder entspannt dahingleiten.

Base de Plein Air du Salagou, Lac du Salagou, 34800 Clermont l'Hérault, Tel. 04 67 96 05 71, www.basedusalagou.com

7 Im Hundeschlitten durch die Pyrenäen

Zwölf Hunde, angeleint vor dem flachen Schlitten, in dem ein Rentierfell vor der Kälte schützt: „Ghee!“ ruft Fréderic, „rechts!“ ... Im Hundeschlitten durch die Pyrenäen zu sausen, ist ein unvergessliches Erlebnis. Angeboten werden Mushing-Touren in allen Pyrenäen-Départements.

Mushing Pyrénées, Tel. 06 07 01 56 82, http://mushing-pyrenees.fr

Drakkar Traîneau Aventure, Lieu-dit „Papounet“, 24130 Ginestet, Tel. 06 08 62 87 45, http://drakkartraineaux aventure.chez-alice.fr

L'Aventurine Rando, 3 rue de Marché, 66210 Mont-Louis, Tel. 04 68 30 40 31, www.aventurine-rando.com

8 Kraxeln auf der Via Ferrata

Im Herzen des Pyrenäen-Nationalparks ragen steil die Wände „Cirque de Gavarnie“ auf. Der Felskessel, UNESCO-Weltnaturerbe, ist ein traumhaftes Terrain zum Mountainbiken, Wandern und Klettern – mit der 400 m langen Route durch das Chaos de Coumély birgt er auch die wohl schönste der zehn Vie Ferrate von Midi-Pyrénées. Wer noch nie gekraxelt ist: Im Sommer zeigen Bergführer, wie man die Seilstrecke sicher meistert.

www.gavarnie.com

9 Auf den Spuren der Katharer

Bis heute sind die Katharer, die sich vom Papst lossagten und ein strenggläubiges, asketisches Leben führten, geheimnisumwittert. Schreckliche Geschichten sind überliefert von den Auseinandersetzungen zwischen den päpstlichen Kreuzzüglern und den „Ketzern“. Zu ihren spektakulären Burgen und köstlichen Weinen am Wegesrand führt der „Sentier Cathare“. Der Fernwanderweg beginnt an den Badestränden und Salzseen von Port-la-Nouvelle am Mittelmeer – und endet nach rund 200 km in Foix am Fuße der Pyrenäen.

www.payscathare.org

10 Sternennächte auf dem Pic du Midi

Schon die Auffahrt ist ein Erlebnis: Sommers wie winters schwebt eine Seilbahn von La Mongie zum Gipfel des Pic du Midi de Bigorre. Lange war der Besuch der Spitze nur Wissenschaftlern vorbehalten, die im höchstgelegenen Observatorium Europas ferne Galaxien erforschten. Seit 2003 nationales Naturgut, lockt der Pic mit Traumausblicken von der Terrasse – und märchenhaften „Nuits au Sommet“, bei denen maximal 19 Gäste den Gipfel ganz für sich haben – vom Dîner und Planetariumsbesuch bis zum Sonnenaufgang am nächsten Morgen

EZ 299 €, Juli–15. Sept. 399 €, DZ 399 €, Juli bis 15. Sept. 449 €, www.picdumidi.com/nuits-au-sommet

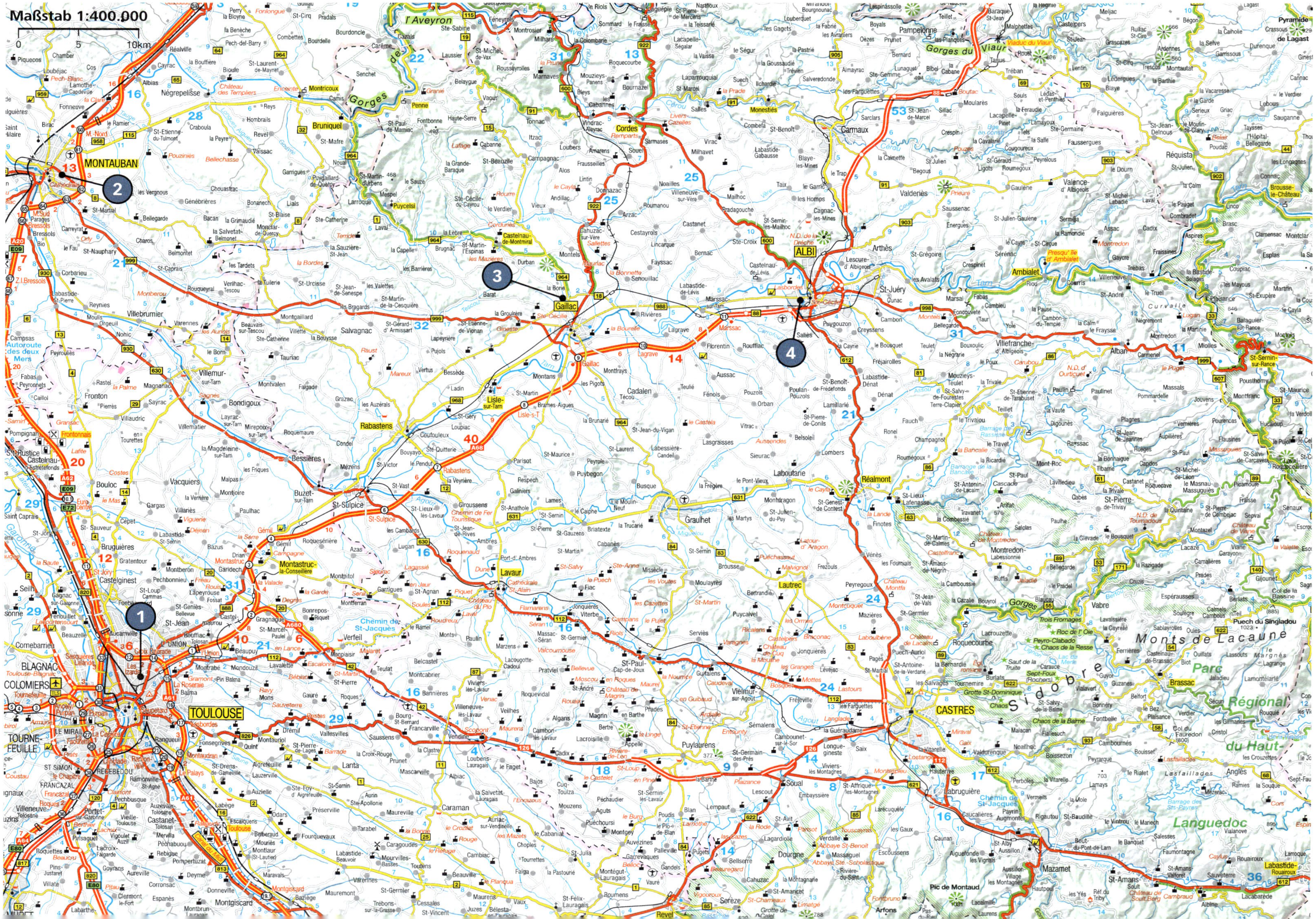

Maßstab 1:400.000
0
5
10km
MONTAUBAN
TOULOUSE
ALBI
CASTRES
Gaillac
Cordes
Carmaux
Lavaur
Graulhet
Réalmont
Rabastens
Lisle-sur-Tarn
Castelnau-de-Montmiral
Montastruc-la-Conseillère
Bruniquel
Puycelsi
Lautrec
Puylaurens
Mazamet
Ambialet
Monts de Lacaune
Sidobre
Parc Régional du Haut-Languedoc
Gorges du Viaur
l'Aveyron
Gorges
BLAGNAC
COLOMIERS
TOURNEFEUILLE
L'UNION
Villemur-sur-Tarn
St-Sulpice
Revel
Pic de Montaud
1
2
3
4

In den Farben Blau und Rot

Färberwaid machte im späten Mittelalter die „Pastelprinzen" reich, die in den „roten Städten" Albi und Toulouse prachtvolle Stadtpaläste errichten ließen. Meister der Farben waren auch Jean-Auguste-Dominique Ingres aus Montauban und Henri de Toulouse-Lautrec aus Albi.

1 Toulouse

Bis 1229 war Toulouse als Sitz der gleichnamigen Grafen Hauptstadt des Languedoc; Kreuzritter beendeten die 400 Jahre währende Blüte der Katharerhochburg. Heute ist Frankreichs viertgrößte Metropole (453 317 Einw., Region 1,25 Mio. Einw.) mit 115 000 Studenten zweitgrößte Universitätsstadt (seit 1233) des Landes und Luftfahrtkapitale (Airbus). Als anspruchsvoll und vielseitig gilt „Tolosa", wie die Römer es nannten, auch kulturell mit seinem prall gefüllten Veranstaltungs- und Festivalkalender.

SEHENSWERT

Treffpunkt, Marktplatz und Zentrum der Macht ist die **Place du Capitole** mit dem hier **Capitole** genannten Rathaus (1759) – wegen der acht Ratsherren (Capitouls), die seit dem 12. Jh. die Stadt regierten und in den Fassadensäulen symbolisiert sind. Im rechten Flügel des klassizistischen Prunkbaus präsentiert das **Théâtre du Capitole** Konzerte, Ballett und Opern (www.theatre-du-capitole.org). Die riesige romanische **Basilika St-Sernin** TOPZIEL (11.–16. Jh.) ist Station auf dem Jakobsweg; rund um die UNESCO-Welterbestätte findet sonntagvormittags ein Trödelmarkt statt. Über die Rue A. Lautmann und Rue Valade geht es zur **Place St-Pierre**, dann am Ufer der Garonne oder dem Hochuferweg Quai Lucien Lombard/Quai de la Daurade bis zum **Pont Neuf** – die „neue Brücke" (1544 bis 1632) ist die älteste der Stadt! Je höher, desto reicher, das verkündeten die Türme der Kaufmannsresidenzen. Den höchsten besaß das **Hôtel de Bernuy** (1530–1550, 1, rue Gambetta, heute Lycée Pierre-de-Fermat). Das **Hôtel d'Assézat** (1557, Place d'Assézat) beheimatet heute die „Fondation Bemberg". Prosper Mérimée rettete die in den Religionskriegen beschädigte **Église des Jacobins** (um 1230) vor dem Verfall und sorgte dafür, dass das Meisterwerk der Gotik bis heute gefangen nimmt – mit seinem „Palmengewölbe", schlanken Säulen und Kreuzgang. 500 Jahre wurde an **St-Étienne** gebaut (11.–17. Jh.); die Kathedrale wirkt daher etwas uneinheitlich, zeigt aber im Innern Sehenswertes, u. a. Bildteppiche (16.–18. Jh.).

MUSEEN

Das **Musée d'Histoire Naturelle**, das 2015 sein 150-jähriges Bestehen feierte, ist eine multimediale Mega-Schau mit 2,5 Mio. Tier- und Pflanzenpräparaten, Kinderlabor und Gemüsegarten (35, allées Jules Guesde, www.museum.toulouse.fr, Di.–So. 10.00–18.00 Uhr, Erw. 6,50 €). Das **Les Abattoirs Musée d'Art Moderne et Contemporain** zeigt in ehem. Schlachthöfen zeitgenössische Kunst (76, allées Charles-de-Fitte, www.lesabattoirs.org, Mi.–So. 12.00–18.00 Uhr, Erw. 7 €). Der 1823 erbaute Wasserturm **Château d'Eau** wurde zur Foto-Galerie (Cours Dillon/Pont Neuf, www. galeriechateaudeau.org, Di.–So. 13.00–19.00 Uhr, Erw. 3 €). In einem ehem. Kloster (1795) präsentiert das **Musée des Augustins** eine außergewöhnliche Skulpturen- und Gemälde-Sammlung – 4000 Werke, u. a. Arbeiten von Rubens, Delacroix und Corot (21, rue de Metz, www.augustins.org, tgl. 10.00 bis 18.00, Mi. 10.00–21.00 Uhr, 1. So. im Monat, Erw. 4 €). Das **Musée Paul Dupuy** besitzt u. a. Zeichnungen von Ingres und Toulouse-Lautrec (13, rue de la Pleau, Juni–Sept. Mi.–Mo. 10.00 bis 18.00, sonst Mi.–Mo. 10.00–17.00 Uhr, Erw. 4 €). Die **Fondation Bemberg** bietet Cézanne, Monet, Gauguin und weitere Impressionisten (Place d'Assézat, www.fondation-bemberg.fr, Di.–So. 10.00–12.30, 13.30–18.00, Do. bis 21.00 Uhr, Erw. 10 €). In die Zeiten „Tolosas" entführt das **Musée des Antiques St-Raymond** mit römischen und mittelalterlichen Exponaten (Place St-Sernin, http://saintraymond.toulouse.fr, Juni–Sept. tgl. 10.00–19.00, sonst tgl. 10.00 bis 18.00 Uhr, Erw. 4 €).

Herrschaftlich: das Capitole mit der Place du Capitole, in die das Kreuz des Languedoc eingelassen wurde

AKTIVITÄTEN

Sightseeing auf 228 km markierten Radwegen ermöglicht **VélÔToulouse** (www.velo.toulouse.fr) mit 2400 Leihrädern an 253 Stationen. Die Stadt ist eine Hochburg des **Rugby** – samstags spielen die Rot-Schwarzen im Stade Ernest Wallon (www.stadetoulousain.fr). Der Weltraumpark **Cité de l'Espace** am östl. Stadtrand entführt in fremde Galaxien – mit 170 interaktiven Exponaten, Planetarium, Wetterstation, IMAX-Kino und einer Welthalbkugel

Tipp

Geburt der Superflieger

Der A380 ist das größte Verkehrsflugzeug der Welt und kann bis zu 800 Passagiere transportieren. Wie der Langstreckenjet entsteht, zeigt Airbus in einer 90-minütigen Führung. Bei der Tour „Visite Verte" dreht sich alles um Nachhaltigkeit im Flugzeugbau; der „Circuit Panoramique" gewährt Einblicke in alle Bereiche von Airbus. Alle Touren beginnen am Aéroscopia-Museum, wo seit 2015 fliegende Legenden wie Caravelle, Concorde, Super Guppy und Airbus A300B zu bewundern sind.

Taxiway (Industrieführungen), Village Aéroconstellation, Rue Franz Joseph Strauss, F-31700 Blagnac, Tel. 05 34 39 42 00, www.taxiway-resa.fr
Aéroscopia-Museum, Allée André Turcat, Blagnac, Tel. 05 34 39 42 00, http://musee-aeroscopia.fr, tgl. 9.30–18.00 Uhr, Erw. 11,50 €

mit 3D-Animation. Highlights des Außengeländes sind die „Ariane 5" und die MIR-Raumkapsel (Parc de la Plaine, avenue J. Gonord, www.cite-espace.com, Juli/Aug. tgl. 9.30–19.00, sonst tgl. 9.30–17.00 Uhr, Erw. 19 €).

VERANSTALTUNGEN

Diverse Sport-, Kultur- und andere Veranstaltungen begleiten durch das Jahr vom zeitgenössischen Tanz im Jan. bis zum Weihnachtsmarkt im Dez. (Infos beim Office de Tourisme).

EINKAUFEN

Alles zum berühmten **Veilchen von Toulouse** gibt es bei Hélène Vié auf ihrer schwimmenden Maison de la Violette (2, boulevard de Bon repos, www.lamaisondelaviolette.fr) auf dem Canal du Midi: Liköre, Bonbons und den Parfümklassiker „Violettes de Toulouse". Nettes aus Färberwaid verkauft La Fleurée du Pastel (20, rue de la Bourse, www.bleu-de-lectoure.com). Feinschmeckermekka sind die **Markthallen** (Place Victor Hugo) mit Lunch-Lokalen. Mit Nailloux Outlet Village eröffnete ein Outlet-Center 35 km südwestlich (Nailloux, Mo.–Sa. 10.00 bis 19.00 Uhr, www.naillouxfashion.com).

HOTELS UND RESTAURANTS

In dem legendären € € € € **Hôtel du Grand Balcon** logierten schon Flugpioniere wie Mermoz, Delaunaye und St-Exupéry (8, rue Romiguières, F-31000 Toulouse, Tel. 05 61 21 48 08, www.grandbalconhotel.com). Service, ruhige Zimmer und zentrale Lage vereint das € **Hôtel du Taur** (2, rue du Taur, F-31000 Toulouse, Tel. 05 61 21 17 54, www.hotel-du-taur.com).
Zur romantischen Nacht auf dem Canal du Midi lädt die € € **Péniche Amboise** mit vier gemütlichen Zimmern und Frühstück. Für Entspannung sorgen Massagesessel und Jacuzzi (17, boulevard Griffoul Dorval, F-31400 Toulouse, Tel. 05 62 16 94 37, www.peniche-amboise.com).
Zwei-Sterne-Koch Michel Sarran lädt in seinen Schlemmertempel € € € € **Michel Sarran** (21, boulevard Armand Duportal, Tel. 05 61 12 32 32, www.michel-sarran.com) und seine € € € **Brasserie du Stade** (114, rue des Troënes, Tel. 05 34 42 24 20). Wein, Käse und Snacks serviert die Weinbar **Père Louis** (45, rue du Tourneurs). Sterne-Koch Christian Constant hat die legendäre Brasserie € €/€ € € **Bibent** wiedereröffnet und serviert die Genüsse des Midi zwischen Fin-de-Siècle-Fresken (5, place du Capitole, Tel. 05 34 30 18 37, www.maisonconstant.com). Süße wie salzige Eiskreationen gibt es bei Maître Glacier Philippe Faure, 51, rue des Filatiers, Tel. 05 62 73 11 89, www.philippefaur.com.

INFORMATION

Office de Tourisme, Donjon du Capitole, F-31080 Toulouse Cedex 6, Tel. 05 61 11 02 22, www.toulouse-tourisme.com

2 Montauban

Die 1144 gegründete Bastide – Bastides waren planmäßige Stadtgründungen mit Schachbrettgrundriss und entstanden unter Wehraspekten – entwickelte sich im 16. Jh. zu einer Hugenottenhochburg. Nachdem jedoch Kardinal Richelieu La Rochelle in die Knie gezwungen hatte, übergaben die Einwohner 1629 nach kurzem Kampf ihre Stadt. Von der anschließenden Blüte im 17./18. Jh. künden zahlreiche Stadtpaläste. Bekannteste Söhne von Montauban (57 900 Einw.) sind der Maler Jean Auguste Dominique Ingres (1780–1867, Klassizismus), der Bildhauer Antoine Bourdelle (1861–1929) und der Politiker Daniel Cohn-Bendit (*1945).

Pont Vieux von Montauban (oben), Besichtigung der Kathedrale von Albi (rechts oben), Entspannung auf dem Hausboot (rechts unten)

SEHENSWERT

Das Herz der Stadt bildet die **Place Nationale**. Südl. davon erhebt sich weiß die **Cathédrale Notre-Dame** (1692–1739), die im linken Querschiff das Ingres-Gemälde „Das Gelöbnis Ludwigs XIII." birgt. Auf der Fassade der **Église St-Jacques** (14./15. Jh.) erinnern Einschläge von Kanonenkugeln an die katholische Rückeroberung der Stadt 1629. Der beste Blick auf die Bastide bietet sich vom **Pont Vieux**, der seit dem 14. Jh. den Tarn überspannt.

MUSEEN

Werke von Ingres zeigt das **Musée Ingres** im ehem. Bischofspalast (17. Jh.) am Tarnufer (19, rue de l'Hôtel de Ville, www.museeingres.montauban.com, Juli–Sept. tgl. 10.00–18.00, April bis Juni, Okt. 10.00–12.00, 14.00–18.00 Uhr, Erw. 7,20 €). Der ehem. Steuergerichtshof birgt das **Musée d'Histoire Naturelle** mit Exponaten zur Regionalgeschichte und das **Musée d'Histoire Naturelle et de Préhistoire** mit großer Vogelsammlung (2, Place Antoine-Bourdelle, beide Museen Di.–Sa. 10.00–12.00, 14.00 bis 18.00, So. 14.00–18.00 Uhr, Erw. 3,10 €).

HOTEL UND RESTAURANT

An der Kathedrale empfängt das € /€ € **Hôtel du Commerce** Gäste im Flair von 1900 – mit modernem Komfort (9, place Franklin Roosevelt, F-82000 Montauban, Tel. 05 63 66 31 32, www.hotel-commerce-montauban.com).
Cyril Paysserand komponiert im € € € **Les Saveurs d'Ingres** zielstrebig Richtung Michelin-Stern (11, rue de l'Hôtel de Ville, Tel. 05 63 91 26 42, www.lessaveursdingres.com).

INFORMATION

Office du Tourisme, 4, rue du Collège, BP 201, F-82002 Montauban cedex, Tel. 05 63 63 60 60, www.montauban-tourisme.com

3 Gaillac

In dem Städtchen (13 820 Einw.) werden seit mehr als 1000 Jahren Rot-, Weiß- und Rosé-Weine hergestellt und Anfang Aug. bei der Fête des Vins im Park gefeiert.

SEHENSWERT

Wahrzeichen der Stadt ist die **Benediktinerabtei St-Michel**, deren heutiger Bau im 13. Jh. am Tarnufer errichtet wurde, Pilgerstätte war und im Mittelalter den Weinmarkt revolutionierte. Das Getreide der Region wurde auf der **Place Thiers** umgeschlagen; rund um ihre Fontaine du Griffoul (17. Jh.) ist Di. und Do. vormittags Wochenmarkt. Sehenswert ist auch die **Tour Palmata** mit Malereien aus dem 13. Jh.

MUSEEN

Weinherstellung, Tarnschifffahrt und Kirchengeschichte sind die Themen des **Musée de l'Abbaye** (Palais Abatial, Sept.–Juni tgl. 10.00 bis 12.00, 14.00–18.00, Juli/Aug. 9.30–13.00, 14.00–19.00 Uhr, Erw. 2,50 €). Zeichnungen von Ingres und dessen Schüler Firmin Salabert (1811–1895) zeigt das **Musée des Beaux-Arts** im barocken Château de Foucaud (April–Sept. Mi.–Mo. 10.00–12.00, 14.00–18.00, sonst Fr.–So. 10.00–12.00, 14.00–18.00 Uhr, Erw. 2,50 €).

AKTIVITÄTEN

Wie man Wein verkostet, lehren **Weinseminare** der Maison des Vins (www.vins-gaillac.com) in der ehem. Abtei St-Michel. Außerhalb der Kurse können tgl. 10.00–12.00 und 14.00 bis 18.00 Uhr mehr als 100 Weine gekostet werden.

HOTEL UND RESTAURANT

In einem großen Park bietet eine ehem. Glashütte als € –€ € **Hôtel La Verrerie** modern-komfortable Zimmer und gute € € Landküche (1, rue de l'Egalité, F-81600 Gaillac, Tel. 05 63 57 32 77, www.la-verrerie.com).

Meister-Sommelier Daniel Pestre serviert im € € € **Bistrot La Table du Sommelier** guten Wein und Marktküche (34, place du Griffoul, Tel. 05 63 81 20 10, www.latabledusommelier.com).

INFORMATION
Office du Tourisme, Place Saint Michel, F-81600 Gaillac, Tel. 05 63 57 14 65, www.ville-gaillac.fr

4 Albi

Die „Rote Stadt" am Tarn (49 000 Einw.) war eine der Katharerhochburgen, weshalb Anhänger dieser Glaubensgemeinschaft auch Albigenser genannt wurden. Im 15. und 16. Jh. kam Albi durch Färberwaid zu Wohlstand. Als Henri de Toulouse-Lautrec (1864–1901) starb, wollte kein Pariser Museum seine Werke – umso schöner werden sie in seiner Geburtsstadt Albi präsentiert, die zum UNESCO-Welterbe gehört.

SEHENSWERT
Außen streng, innen bunte Fresken: Die 1282 bis 1493 erbaute **Cathédrale Ste-Cécile** dominiert mit dem **Palais de la Berbie** (13. Jh.) die Stadtsilhouette. Rottöne prägen auch die Altstadt. Typisch für die Baukunst im Tarntal ist die **Maison du Vieil Alby Rue** (1, rue de la Croix Blanche), das noch einen „Soleilhou" besitzt – einen offenen Dachboden für die Färberwaidtrocknung. An die **Stiftskirche St-Salvi** (11.–13. Jh.) schmiegen sich die Ruinen eines Klosters – heute eine grüne Oase. Schön ist der Blick auf die Altstadt vom **Pont Vieux** (1035), eine der ältesten Brücken Frankreichs.

MUSEUM
Das **Musée de Toulouse-Lautrec** TOPZIEL zeigt das Leben des Künstlers (Place de la Berbie, www.museetoulouselautrec.net, 21. Juni bis 30. Sept. tgl. 9.00–18.00, 1.–20. Juni tgl. 9.00 bis 12.00, 14.00–18.00, April, Mai, Okt. Mi.–Mo. 10.00–12.00, 14.00–17.30, Nov.–März bis 17.00 Uhr, Erw. 8 €).

HOTEL UND RESTAURANT
Viele Zimmer im € € **Hotel Albi Bastides** haben Blick auf Altstadt und Tarn (41 bis, rue Porta, F–81000 Albi, Tel. 05 63 47 66 66, www.accorhotels.com).
In der ehem. Kathedralschule für Knaben serviert € € **Le Clos St-Cécile** Regionales (3, rue du Castelviel, Tel. 05 63 38 19 74).
David Enjalran verwöhnt im € € € **L'Esprit du Vin** mit erstklassigen Land-Meer-Kreationen (Esprit du Vin, 2, quai Choiseul, Albi, Tel. 05 63 54 60 44, http://lespritduvin-albi.com).

UMGEBUNG
Cordes sur Ciel (25 km nordw.), 1222 als erste Bastide vom Grafen von Toulouse gegründet, hat sein mittelalterliches Gepräge bewahrt.

INFORMATION
Office de Tourisme, Palais de la Berbie, Place Ste-Cécile, F-81000 Albi, Tel. 05 63 49 48 80, www.albi-tourisme.fr

Genießen   Erleben   Erfahren

DuMont Aktiv

Wellness auf dem Hausboot

Pflastermüde? Dann schiffen Sie sich in Toulouse auf dem hölzernen Hausboot „Buddha Boat Spa" ein und tanken bei asiatisch inspirierten Massagen und Beautybehandlungen neue Energie.

Gemütliche Shiatsu-Sessel, oszillierende Liegen und Wiegen, die langsam Kopf und Füße abwechselnd senken und heben, sorgen für eine wohltuende Entspannung. In der Ecke blubbert leise ein Whirlpool, sanftes Licht erhellt die Sauna. Teelichter, glatt polierte Steine, Holzskulpturen und Raumparfüms beruhigen den Geist und berühren die Sinne.

Dann ist es Zeit für eine Massage. Während der Wind durch das Blätterdach der mächtigen Platanen am Ufer streicht, bringt eine ayurvedische Ölmassage Vitalität und Energie zurück. Danach vertreibt „Le Shirodhara" mit einem Stirnguss das „dritte Auge" und jegliche mentale Anspannung.

Von den Indianern Arizonas lernte das Team von Buddha Boat die entspannende Wirkung heißer Basaltsteine kennen, auf Bali die wohltuende Wirkung von Nussölen. Partner-, Thai- und vierhändige Massagen sowie Packungen mit Papaya, Rassoul-Crème oder aromatischen Gewürzen runden die sinnliche Weltreise in der Ville Rose ab. Gut zu wissen: Das Hausboot ist ein Refugium für Erwachsene, der Nachwuchs hat hier Haus(boot)verbot.

Weitere Informationen

Buddha Boat Spa
Boulevard Montplaisir, F-31400 Toulouse,
Tel. 05 61 55 54 87, www.buddhaboatspa.com,
Di.–Sa. 11.00–20.00 Uhr

Entspannung pur in herrlicher – und ungewöhnlicher – Umgebung: Buddha Boat Spa

Freiluftrestaurants in Montauban (oben),
Ruderwettkampf in Sète (rechts oben),
La Couvertoirade (rechts unten)

Service

Keine Reise ohne Planung. Auf den folgenden Seiten haben wir für Sie Wissenswertes und wichtige Informationen für Ihren Südfrankreich-Urlaub zusammengefasst.

Anreise

Mit dem Flugzeug: Die beiden größten internationalen Flughäfen sind Toulouse und Montpellier. Sie werden sowohl von innerfranzösischen als auch von internationalen Fluglinien sowie Billig-Airlines bedient. Air France (www.airfrance.de) fliegt von Deutschland via Paris oder Lyon auch nach Perpignan, Tuifly (www.tuifly.com) fliegt Toulouse, Germanwings (www.germanwings.com) Toulouse und Montpellier mehrmals pro Woche an; nur via England erreicht man mit Ryanair (www.ryanair.com) Carcassonne, Béziers, Perpignan, Montpellier, Nîmes und Rodez.
Mit der Bahn: Von Deutschland, Österreich und der Schweiz ist Südfrankreich mit den Hochgeschwindigkeitszügen **TGV** (Trains de Grandes Vitesse, http://de.voyages-sncf.com) bequem zu erreichen. Die Hauptverbindungen laufen über Lyon, bedienen die größten Städte im Rhône-Tal und teilen sich am Mittelmeer in Richtung Marseille/Côte d'Azur bzw. Narbonne/Toulouse/Perpignan. Weitere gute Bahnverbindungen bestehen nur noch auf der Hauptstrecke von Narbonne nach Bordeaux via Carcassonne und Toulouse.
Spartipp: Seit 2015 gilt nach regionalen Anfängen nun die Angebote „Le Bus à 1 Euro" und „Le Train à 1 Euro" in allen fünf Départements von Languedoc-Roussillon. Die Tickets gibt es nur online – zu buchen auf www.train1euro.fr bzw. http://bus1euro.cg66.fr.
Ein besonderes Erlebnis bieten **Touristenzüge** wie der Train Jaune der Ligne de Cerdagne von Villefranche-de-Conflent (www.ter-sncf.com), der Train Rouge von Axat nach Rivesaltes im Tal des Agly (www.tpcf.fr), der Chemin de Fer Touristique du Tarn in St-Lieux-lès-Lavaur (www.cftt.org) oder der Train à vapeur des Cévennes (www.trainavapeur.com) zwischen Anduze und St-Jean-du-Gard.
Mit dem Auto: Frankreich besitzt gute Autobahnen. Diese „Autoroutes" sind gebührenpflichtig; die Maut wird an der „Péage" bar oder mit Karte bezahlt – oder muss als abgezähltes Münzgeld in einen Behälter geworfen werden. Mautfrei sind die A 75 ab Clermont-Ferrand bis zum Mittelmeer (außer Viadukts von Millau) und viele Stadtumfahrungen. Im Juli und August kommt es oft zu Staus, besonders rund um Lyon und auf der Route de Soleil (Lyon–Mittelmeer). Alternativen sind die oft mehrspurigen Routes Nationales (RN). Eine gute Hilfe bei der Reiseplanung bietet www.autoroutes.fr (auch engl.). Die Höchstgeschwindigkeit beträgt auf Autobahnen 130 km/h (bei Regen 110 km/h), auf der Route Express 110 km/h (bei Regen 100 km/h), auf den National- und Départementstraßen 90 km/h (bei Regen 80 km/h) und in Ortschaften 60 km/h. Schon bei kleinen Überschreitungen sind Geldbußen bis zu 2200 € fällig. Die Promillegrenze liegt bei 0,5.
Nahverkehr In den Städten wird der öffentliche Nahverkehr mit umweltfreundlichen Fahrzeugen, teils kostenlosen Buslinien und Niederflur-Trams umfangreich ausgebaut.

Auskunft

In Deutschland: ATOUT France – Franz. Zentrale für Tourismus, Postfach 100128, 60001 Frankfurt/M., info.de@rendezvousenfrance.com, www.rendezvousenfrance.com.
In Österreich: Tel. 00 43 (0)1 503 28 92, info.at@rendezvousenfrance.com, www.rendezvousenfrance.com.
In der Schweiz: info.ch@rendezvousenfrance.com, www.rendezvousenfrance.com.
In Frankreich: Comité Régional du Tourisme Languedoc-Roussillon, L'Acropole, 954, avenue Jean Mermoz, F-34960 Montpellier Cedex 2, Tel. 04 67 20 02 20, http://de.sunfrance.com. Comité Régional du Tourisme (CRT) Midi-Pyrénées, 15, rue Rivals - CS 78543, F-31685 Toulouse Cedex 6, Tel. 05 61 13 55 55, www.tourisme-midi-pyrenees.de.
In den Départements: Maison du Tourisme, 2, Boulevard du Sud, BP 30143, F-09 000 Foix, Tel. 05 61 02 30 70, www.ariegepyrenees.com.
Comité Départemental du Tourisme (CDT) de l'Aude, Avenue Raymond Courrière, F-11855 Carcassonne Cedex 9, Tel. 04 68 11 66 00, www.audetourisme.com.
Comité Départemental du Tourisme (CDT) de l'Aveyron, 17, rue Aristide Briand, BP 831, F-12008 Rodez Cedex, Tel. 05 65 75 55 75, www.tourisme-aveyron.com.
Comité Départemental du Tourisme (CDT) du Gard, 3, rue Cité Foulc, BP 122, F-30010 Nîmes Cedex 4, Tel. 04 66 36 96 30, www.gard-tourisme.com.
Comité Départemental du Tourisme (CDT) de Haute Garonne, 14, rue Bayard, BP 71509, F-31015 Toulouse Cedex 6, Tel. 05 61 99 44 00, www.tourisme-haute-garonne.com.
Agence de Développement Touristique de l'Hérault, Avenue des Moulins, F-34184 Montpellier Cedex 4, Tel. 08 25 34 00 34, www.herault-tourisme.com.

Comité Départemental du Tourisme (CDT) de la Lozère, 14, boulevard Henri Bourrillon, F-48000 Mende, Tel. 04 66 65 60 00, www.lozere-tourisme.com.
Comité Départemental du Tourisme (CDT) des Pyrénées-Orientales, 16, avenue des Palmiers, F-66005 Perpignan, Tel. 04 68 51 52 53, www.tourisme-pyreneesorientales.com/de.
Comité Départemental du Tourisme (CDT) du Tarn, 41, rue Porta, F-81006 Albi, Tel. 05 63 77 32 10, www.tourisme-tarn-et-garonne.com.
Agence de Développement Touristique de Tarn-et-Garonne, 15, allée de l'Empereur, BP 534, F-82005 Montauban Cedex, Tel. 05 63 21 79 65, www.tourisme-tarnetgaronne.fr.

Botschaften

Deutsche Botschaft, 13–15, avenue Franklin-D.-Roosevelt, F-75008 Paris, Tel. 01 53 83 45 00, www.allemagne.diplo.de.
Österreichische Botschaft, 6, rue Fabert, F-75007 Paris, Tel. 01 40 63 30 63, www.amb-autriche.fr.
Schweizer Botschaft, 142, rue de Grenelle, F-75007 Paris, Tel. 01 49 55 67 00, www.eda.admin.ch/paris.

Essen und Trinken

In Südfrankreich ist die Küche genauso vielfältig wie die Landschaften. Am Meer werden allerorten **Meeresfrüchteteller** serviert – üppig beladen mit Austern, Pfahlmuscheln, Telline- und Palourdemuscheln. Köstliche Mittelmeerfische sind Roter Thunfisch – mittlerweile leider schon stark überfischt –, Goldbrasse und Wolfsfisch. Dazu passen leckere **Pasten** wie Aïoli, eine Knoblauchmayonnaise, Rouille, eine sehr pikante Sauce mit Knoblauch, rotem Paprika und Olivenöl, oder Tapenade, ein Püree aus schwarzen Oliven.
Das Landesinnere liebt würzige **Fleischgerichte** – eingemachtes Gänse- oder Entenfleisch, Confit d'Oie oder de Canard, Bœuf à la Gardiane, ein Rindfleischragout – sowie **Wild- und Wildgeflügelgerichte**. Bekannt ist auch Cassoulet, ein deftiger Eintopf aus weißen Lingot-Bohnen mit Fleisch und Würsten.
Gebirgs- und Meeresküche vereinen sich in der **katalanischen Küche**, die von der Zusammenstellung ungewöhnlicher Geschmacksnoten lebt. Ihre Vielfalt hat Eliane Thibaut-Comelade in vielen Kochbüchern festgehalten – und vermittelt sie bei Kochvorführungen (www.cuisine-catalane.com).

Preiskategorien

€€€€	Menü	über 40 €
€€€	Menü	30–40 €
€€	Menü	18–30 €
€	Menü	bis 18 €

In Südfrankreich wehen die Flaggen Frankreichs und Kataloniens einträchtig nebeneinander.

Info

Geschichte

450 000 v. Chr.: In Tautavel leben am Ufer des Mittelmeeres die ersten „Europäer".
um 560 v. Chr.: Kleinasiatische Griechen gründen von Massalia (Marseille) aus Handelniederlassungen an der Küste: Agatha (Agde), Illiberis (Elne) sowie Cauco Illiberis (Collioure).
120 v. Chr.: Die Römer besetzen Südfrankreich. Narbo (Narbonne) wird Hauptstadt der Provincia Gallia Narbonensis; Baeterrae (Béziers) und Nemausus (Nîmes) werden gegründet.
5. Jh.: Die Westgoten vertreiben die Römer, Narbonne wird Hauptstadt der westgotischen Provinz Septimania.
718/719: Die Truppen des arabisch-andalusischen Emirs al Samh dringen in Südfrankreich ein und besetzen Narbonne, das Ausgangspunkt für Angriffe gegen andere südfranzösische Städte wird: 721 verteidigt Eudo von Aquitanien erfolgreich Toulouse, 725 fällt jedoch Carcassonne an die Mauren.
732: In der Schlacht von Poitiers stoppt Karl Martell den Vorstoß der Mauren. Sein Sohn Pippin der Kleine vertreibt 759 die Mauren aus Narbonne, Nîmes und Béziers.
795: Karl der Große gründet zum Schutz gegen die überwiegend arabisch beherrschte Iberische Halbinsel die Spanische Mark, die das Roussillon einschließt.
1167: Die Katharer gründen vier Erzbistümer in Okzitanien: Toulouse, Albi, Carcassonne und Agen.
1208–1212: Erster Kreuzzug unter Simon IV. de Montfort gegen die Katharer.
1226: Zweiter Kreuzzug gegen die Katharer.
1243/1244: Dritter Kreuzzug gegen die Katharer. Der Fall von Monségur (16.3.1244) besiegelt das Ende der katharischen Glaubensrichtung.
1276–1344: Perpignan ist Hauptstadt des Königreichs von Mallorca, zu dem neben den Baleraren auch der Roussillion und Montpellier gehören.
24.8.1572: Bartolomäusnacht: Massaker an den Hugenotten in Paris.
1642: Ludwig XIII. besetzt Perpignan im Verlauf des Französisch-Spanischen Krieges, der 1659 mit dem Pyrenäenvertrag beendet wird und Katalonien teilt. Der Roussillon fällt mit der Cerdagne an Frankreich und wird der Zentralregierung unterstellt.
Ab 1660: Der Festungsbaumeister Vauban baut neue Bollwerke an der Grenze: Perpignan, Villefranche-de-Conflent, Port-Vendres, Mont-Louis, Prat-de-Mollo.
1702–1704: Camisardenkriege; blutige Verfolgung der reformierten Hugenotten („Blusenmänner") in den Cevennen.
1790: Nach der Französischen Revolution werden die feudalistisch geprägten Provinzen in Départements gegliedert: Der Roussillon wird zum Département Pyrénées Occidentales, das Languedoc zerfällt in neun Teile (heute Gard, Hérault und Lozère).
1882: Einführung der allgemeinen Schulpflicht. Französisch wird Amtssprache im Midi, der Gebrauch der Regionalsprache Okzitanisch verboten.
1907: Über 500 000 südfranzösische Winzer protestieren gegen Billigweine aus Algerien.
1934: Nach der Machtergreifung Hitlers und der Besetzung Nordfrankreichs (1940) wird Südfrankreich bis zum Einmarsch Hitlerdeutschlands in Nordafrika (Nov. 1942) als „Zone libre" zum Ziel von Emigranten.
1960: Zusammenlegung von Languedoc und Roussillon zur Region Languedoc-Roussillon. Montpellier wird 1964 Hauptstadt.
1996/1997: Der Canal du Midi und Carcassonne werden UNESCO-Welterbestätten.
2004: Einweihung des Viaduc de Millau.
2010: Bei den Regionalwahlen siegt im Languedoc-Roussillon der unabhängige (sozialistische) Kandidat Georges Frêche. Albi wird UNESCO-Welterbe.
2012: Der Sozialist François Hollande wird neuer französischer Staatspräsident. Die Cevennen und Causses werden UNESCO-Welterbe.
2016: 1. Januar 2016 Fusion der Regionen Languedoc-Roussillon und Midi-Pyrénées.

Milch von den Schafen der Causses-Hochebenen liefert den weltberühmten **Blauschimmelkäse** Roquefort (s. S. 46). Sein weniger bekannter Bruder, der Bleu des Causses, wird hingegen aus Kuhmilch gefertigt. Als Dessert genießen die Südfranzosen die Crème catalane, eine karamellisierte Vanillecreme aus Katalonien.
Das Languedoc-Roussillon ist eines der ältesten **Weinbaugebiete** der Welt. Die Region zählt 30 A.O.C-Weine, u. a. die Sandweine aus der Camargue. Eine Besonderheit des Pyrenäenvorlandes sind die „Vins doux", die einen Alkoholgehalt von 15–18 % und einen hohen Zuckeranteil aufweisen. Besonders berühmt als „Vins doux naturels" sind die Süßweine aus Banyuls und der Muscat de Rivesaltes.
Empfehlungen: Auf den Info-Seiten der einzelnen Kapitel sind Restaurants und Gasthöfe ohne Anspruch auf Vollständigkeit genannt.

Feste und Feiertage

Feiertage: 1. Jan./Neujahrstag (Jour de l'an), März/April Ostermontag (Lundi de pâques), 1. Mai Tag der Arbeit (Fête du travail), 8. Mai Waffenstillstand 1945 (Armistice), Mai/Juni Christi Himmelfahrt (Ascension), Mai/Juni Pfingstmontag (Lundi de pentecôte), 14. Juli Nationalfeiertag (Fête nationale), 15. Aug. Mariä Himmelfahrt (Assomption), 1. Nov. Allerheiligen (Toussaint), 11. Nov. Waffenstillstand 1918 (Armistice), 25. Dez. Weihnachtsfeiertag (Noël)
Feste: Die Leidenschaft für Pferde und Stiere prägt die lokalen Feste. Nîmes, Céret und Béziers feiern im Sommer die **Feria** – riesige Volksfeste rund um eine spanische Corrida und die unblutige Course Camarguaise. Hinzu kommen Wasserfeste wie **Fischerstechen** (joutes) in Sète, Le Grau-du-Roi und Balaruc-les-Bains, Karnevalsriten wie die „Fécos" von Limoux, Weinfeste, okzitanische Feste und mehr als 200 Festivals.

Geld

In Südfrankreich ist der **Euro** Zahlungsmittel. An den französischen Geldautomaten (Bancomat) lässt sich mit Kredit-, Bank- und Postbankkarten rund um die Uhr Geld abheben.

Gesundheit und Wellness

Thalasso heißt die Wellnessformel an der Mittelmeerküste – Badezentren wie das Institut Thalassa Mercure (Port Camargue), das Institut de Thalassothérapie de la Grande Motte, Thalacap (Cap d'Agde), Thalacap Catalogne (Banyuls-sur-Mer), Thalasso Canet-Sud und Institut Thalassol (Les Bacarès), die die Heilkraft des Meerwassers, des Watts und der Algen nutzen, erfreuen sich größter Beliebtheit. Mit 87 000 Kurgästen pro Jahr, welche die 13 Badeorte der Region besuchen, ist das Languedoc-Roussillon die drittgrößte Thermalregion Frankreichs.

Gewürze sind ein tolles Souvenir – in den Markthallen findet sich aber auch Überraschendes.

Markthallen gehören zum Leben: Narbonne.

Info

Zum Weiterlesen

Cornela Schinharl, Jörg Zipprick, **Südfrankreich – Küche & Kultur** (Gräfe & Unzer Verlag). Eine kulinarische Reise durch den Süden Frankreichs mit 120 authentischen Rezepten und 16 Reportagen über kulinarische Klassiker wie Käse, Kräuter und Stierfleisch der Camargue, über Austern und Anchovis, Trüffel und wiederentdeckte Tomatensorten.
Birgit Vanderbeke, **Gebrauchsanweisung für Südfrankreich** (Piper). Mit genauem Blick und der ihr eigenen feinen Ironie schreibt Birgit Vanderbeke, die seit einem Jahrzehnt im Süden Frankreichs lebt, über die Menschen des Midi, über ihren Eigensinn und ihre Fahrkünste, von ihrer Freundschaft, ihrer Anarchie und vorzüglichem Essen.
Natalie Zemon Davis, **Die wahrhaftige Geschichte von der Wiederkehr des Martin Guerre** (Verlag Klaus Wagenbach). Martin Guerre (1524–1560), Bauer, Ehemann und Vater, verschwindet plötzlich. Als er nach Jahren wieder auftaucht, ist er nicht mehr derjenige, der er vorgibt zu sein. Der spannende Historienkrimi aus dem Languedoc des 16. Jahrhunderts basiert auf einer wahren Begebenheit.
Philippe Dijan, **Betty Blue: 37,2 Grad am Morgen** (Diogenes). Der Roman um eine wahnsinnige Liebe in einem südfranzösischen Provinznest wurde zum Kultbuch und von Jean-Jacques Beineix verfilmt.
Ernest Hemingway, **Der Garten Eden** (Rowohlt). Schauplatz des posthum erschienenen Romans ist Le Grau-du-Roi in der Camargue, wo David und Catherine Bourne, heftig verliebt und frisch verheiratet, unbeschwerte Flitterwochen verbringen – bis sie mit der Französin Marita eine „Ménage à trois" beginnen …
Kate Mosse, **Das verlorene Labyrinth** (Droemer/Knaur). Bei Ausgrabungen in einer Höhle im Herzen des Languedoc entdeckt Alice Tanner zwei Skelette und eine labyrinthartige Wandmalerei. Was steckt dahinter? Das verrät die britische Autorin, die ein Haus im Aude besitzt, in ihrem historischen Mystery-Thriller.
Robert L. Stevenson, **Reise mit dem Esel durch die Cevennen** (Éditions La Colombe). 1878 durchquerte der berühmte schottische Schriftsteller Robert Louis Stevenson mit seiner Eselin Modestine die Cévennen.

Info

Daten und Fakten

Geografische Lage: Südfrankreich erstreckt sich zwischen den Pyrenäen im Westen und der Petite Camargue im Osten entlang der französischen Mittelmeerküste und landeinwärts bis zu den Cevennen und den Causses. Die Küstenlinie beträgt 220 km; die höchsten Erhebungen sind Canigou (2784 m) und Pic Carlit (2921 m) in den Pyrenäen sowie Mont Lozère (1699 m) und Mont Aigual (1567 m) in den Cevennen.
Politische Gliederung: Die in diesem Band dargestellte Region umfasst die Départements Ariège, Aveyron, Haute-Garonne und Tarn in Midi-Pyrénées sowie die Départements Aude, Gard, Hérault, Lozère und Pyrénées-Orientales im Languedoc-Roussillon. Regiert werden die Regionen von einem für sechs Jahre gewählten Präsidenten. Im Languedoc-Roussillon ist es seit 2014 der Sozialist Damien Alary, in Midi-Pyrénées der Sozialist Martin Malvy. Zum 1. Januar 2016 fusionieren die beiden Regionen Midi-Pyrénées und Languedoc-Roussillon zur Region Languedoc-Roussillon-Midi-Pyrénées, die mit 72 724 km² fast genauso groß ist wie das historische Languedoc.
Bevölkerung: Fast 6 Mio. Menschen leben in Südfrankreich. Größtes Ballungszentrum ist Toulouse mit rund 1,25 Mio. Menschen, gefolgt von Montpellier (268 000 Einw., Metropolregion 434 000) und Nîmes (146 000 Einw., Metropolregion 231 000). Die Bevölkerungsdichte von 90 Einw./km² weist starke regionale Unterschiede auf: Die Küste und die Täler von Rhône und Garonne sind mit 242 Einw./km² sehr stark urbanisiert; die Bergregionen mit 13 Einw./km² äußerst dünn besiedelt. Bedeutende Minderheiten bilden die „Pieds noirs", Algerienfranzosen, und die „Maghrébins", Immigranten aus Nordafrika.
Wirtschaft und Verkehr: Wichtiger Wirtschaftszweig ist neben dem Tourismus der Anbau von Oliven, Obst, Gemüse und Wein. Boomende Industriezentren sind Toulouse (Luftfahrt) und Montpellier (Informationstechnologien).

Hotels und Unterkunft

Empfehlungen: Auf den Info-Seiten der einzelnen Kapitel sind einige Hotels und Gasthöfe genannt.
Camping: Sehr beliebt ist Camping und Caravaning. Es empfiehlt sich, vor allem in der Hauptreisezeit den Stellplatz rechtzeitig zu reservieren. Der offizielle Campingführer ist erhältlich bei der Fédération Française de Camping-Caravaning (Tel. 01 42 72 84 08, www.campingfrance.com). Wildes Campen ist nur mit Genehmigung des Grundstückeigentümers erlaubt. An Stränden oder in geschützten Gebieten ist es jedoch verboten.
Hotels: Seit 2009 gilt die international übliche Hotelklassifizierung in ein bis fünf Sterne. Je nach Reisezeit und Region differieren die Preise stark – bei Feiertagen, Festen, Messen sowie in den Ferien zu Ostern sowie im Juli und Aug. werden höhere Preise verlangt.
Zu den bekanntesten Hotelketten gehört Logis de France (www.logis-de-france.fr), das seine Hotels und Restaurants im Landhausstil mit „Kaminen" klassifiziert.
Ferienwohnungen: Zahlreiche Résidences de Tourisme (Übersicht unter www.snrt.fr) bieten auf Wunsch weitere Serviceleistungen an. Größter Anbieter für Ferienwohnungen ist Gruppe Pierre & Vacances (www.pierreetvacances.com), viel Auswahl bietet auch Clévacances (www.clevacances.com). Feriendörfer, speziell für Familien mit Animation vor Ort, Kinderclubs und kulturellen Einrichtungen, präsentiert die Union Nationale des Associations de Tourisme et de Plein Air (www.unat.asso.fr). „Gîtes rural" nennen sich Ferienwohnungen in den Bergen, auf dem Land oder am Meer, die Selbstversorger für ein Wochenende oder wochenweise mieten können.

Preiskategorien

€€€€	Doppelzimmer	über 250 €
€€€	Doppelzimmer	170–250 €
€€	Doppelzimmer	80–170 €
€	Doppelzimmer	bis 80 €

Diverses: Unter dem Motto „Bienvenue à la ferme" (www.bienvenue-a-la-ferme.com) offerieren Bauernhöfe Landurlaub. Eine gute Gelegenheit, südfranzösische Lebensart zu erleben, bieten die viele Chambres d'Hôtes (Bed & Breakfast-Privatzimmer), die als Table d'Hôte auch ein gemeinsames Abendessen servieren.
Ein Erlebnis ist ein Aufenthalt in einem umgebauten Schloss oder Herrenhaus, oft in herrlichen Parkanlagen gelegen (www.relaischateaux.com, www.grandesetapes.fr, www.oliverstravels.com/france, www.chateauxhotels.com).

Reisedokumente

Zur Einreise nach Frankreich genügt für Bürger der Europäischen Union ein gültiger Personalausweis. Autofahrern wird die grüne Versicherungskarte empfohlen. Autos ohne EU-Kennzeichen benötigen die ovale Länderplakette.

Reisezeit

Zwischen Ostern und Okt. ist in Südfrankreich Saison – im Winter sind viele Hotels geschlossen, viele Museen schließen ebenfalls oder haben reduzierte Öffnungszeiten. Im Juli und Aug. ist der Küstenstreifen überlaufen; Hotelbetten werden oft schon ein Jahr im Voraus gebucht. Im Hinterland jedoch findet man immer noch ein Bett. Schönste Reisezeit sind Mai und Sept.

Souvenirs

Zu den schönen Souvenirs gehören die Spezialitäten des Südens – Salz aus der Camargue, Ziegenkäse aus den Cévennen, Olivenöl aus Nîmes, Veilchenparfüm aus Toulouse, Grisettes aus Montpellier, Sandwein vom Golf de Lion,

Défilé de Pierre Lys: Rafting auf der Aude

Süßwein aus Banyuls. Schön und praktisch sind auch die handwerklichen Erzeugnisse: Handschuhe aus Millau, Korbwaren aus Vallabrègues, Töpferarbeiten aus St-Quentin-la-Poterie, Seidenstoffe aus den Cevennen. Oder die Musik des Südens: z. B. jazzige Chansons von Claude Nougaro oder gregorianische Gesänge aus der Abtei d'En-Calcat (www.encalcat.com).

Sport

Wassersport: Mit 27 Häfen und 30 000 Liegeplätzen ist das Languedoc-Roussillon eine Hochburg für Wassersportfreunde, die hier segeln, fischen, tauchen, surfen oder kitesurfen. Im Hinterland locken Kajak- und Kanutouren auf den Flüssen. Ohne Führerschein können Hausboote auf dem Canal du Midi und dem Canal du Rhône à Sète gemietet werden.
Golf: Für Golfer gibt es 36 Plätze in Midi-Pyrénes und 20 in Languedoc-Roussillon (www.sud francegolf.com); zu den attraktivsten gehört die Anlage Golf de Nîmes-Campagne mit 18 Fairways in bewaldetem, hügeligem Gelände oberhalb der Römerstadt (min. Handicap von 36).
Wandern: Zu den beliebtesten Routen gehören hier die beiden Routen des Jakobsweges nach Santiago de Compostela. Die Lozère-Strecke führt durch das Aubrac und die Margeride, die Südstrecke über St-Gilles durch den Gard und St-Guilhem-le-Désert in den Hérault.

Sprache

Die Franzosen freuen sich über jeden Versuch, sich in ihrer Sprache auszudrücken. Deutsch wird kaum verstanden, Englisch ein wenig.

Telefon

Die internationalen **Ländervorwahlen** lauten: Deutschland 0049, Österreich 0043, Schweiz 0041, Frankreich 0033. Bei grenzüberschreitenden Gesprächen ist die Ländervorwahl zu wählen, gefolgt von der Teilnehmernummer ohne die erste Null. In Frankreich wird immer die zehnstellige Nummer gewählt.
Münz- und Kartentelefone haben fast ausgedient. Télécartes für Kartentelefone sind in Postämtern und „Tabac"-Läden erhältlich.
Notruf: Rettungswagen und Notarzt 15, Polizei 17, Feuerwehr 18, Pannenhilfe: AIT-Assistance kostenloser Notruf 0800 08 92 22.

Zoll

Der private Warenverkehr in der EU ist weitgehend zollfrei. Es gelten folgende Richtmengen: Erlaubt sind 800 Zigaretten, 200 Zigarren, 10 l Spirituosen und 90 l Wein. Bei der Einreise von Frankreich in die Schweiz sind besondere Begrenzungen (auch für Souvenirs) zu beachten.

Info

Wetterdaten Perpignan

	TAGES-TEMP. MAX.	TAGES-TEMP. MIN.	WASSER-TEMP.	TAGE MIT NIEDER-SCHLAG	SONNEN-STUNDEN PRO TAG
Januar	12°	4°	12°	5	5
Februar	13°	5°	12°	5	5
März	15°	7°	12°	5	7
April	18°	9°	13°	6	7
Mai	21°	12°	15°	6	8
Juni	26°	16°	18°	4	9
Juli	29°	19°	20°	3	10
August	28°	18°	21°	4	9
September	25°	16°	20°	4	7
Oktober	21°	12°	17°	5	6
November	19°	8°	15°	5	5
Dezember	13°	5°	13°	5	5

Ein Bild von einer mittelalterlichen Stadt: Die Cité von Carcassonne gehört seit 1997 zum UNESCO-Weltkulturerbe.

Register

Fette Ziffern verweisen auf Abbildungen

Impressum

4. Auflage 2016

Verlag: DuMont Reiseverlag, Postfach 3151, 73751 Ostfildern, Tel. 0711/4502-0, www.dumontreise.de
Geschäftsführer: Dr. Thomas Brinkmann, Dr. Stephanie Mair-Huydts
Programmleitung: Birgit Borowski
Redaktion: Julia Wilhelm, red.sign GbR
Text: Hilke Maunder, Hamburg (www.maunder.de)
Exklusiv-Fotografie: Michael Riehle, München
Titelbild: laif/Sophie Henkelmann (Kathedrale Saint Just in Narbonne)
Zusätzliches Bildmaterial: S. 4 r. u. DuMont Bildarchiv/R. Gerth, S. 5 u. und 37 o. mauritius images/Frank Lukasseck, S. 8/9 Bildagentur Huber/Pete Goding, S. 12/13 laif/Loop Images/Iksung Nah, S. 20 o., 21 u. l., 110 o. und 111 l. u. Shutterstock/Netkoff, S. 20 u. l. laif/REA/Jean Claude Moschetti, S. 20 u. r. mauritius images/Alamy, S. 21 o. laif/REA/Sylvain Thomas, S. 21 M. mauritius images/Alamy, S. 21 u. r. Look/SagaPhoto, S. 36 u. mauritius images/imagebroker/Norbert Eisele-Hein, S. 49 Stockfood/Frank Croes, S. 51 r. u. picture-alliance/maxppp, S. 70 r. o. mauritius images/Alamy, S. 70 r. u. laif/hemis.fr/Jean-Pierre Degas, S. 85 r. o. laif/hemis.fr/Gil Giuglio, S. 85 r. u. mauritius images/Alamy, S. 96 o. und 97 r. o. VectorStock/bioraven, S. 96 u. l. picture-alliance/dpa, S. 96 u. r. Getty Images/Camille Moirenc, S. 97 l. Getty Images/AFP/Anne-Christine Poujoulat, S. 97 r. M. Getty Images/Patrick Aventurier, S. 97 r. u. laif/REA/Sylvain Thomas, S. 99 l. laif/hemis.fr/Jean-Pierre Degas, S. 100 u. picture-alliance/abaca/Michel Clementz, S. 110 u. l. laif/hemis.fr/Patrick Frilet, S. 110 u. r. Look/age fotostock, S. 111 l. o. Getty Images/Arocena Seara Amaya, S. 111 l. M. Getty Images/Gonzalo Azumendi, S. 111 r. picture-alliance/Design Pics, S. 114 l. Getty Images/Patrick Escudero, S. 116 l. Look/SagaPhoto, S. 116 r. o. laif/hemis.fr/Jean-Pierre Degas
Grafische Konzeption, Art Direktion: fpm factor product münchen
Cover Gestaltung: Neue Gestaltung, Berlin
Kartografie: © MAIRDUMONT GmbH & Co. KG, Ostfildern
Kartografie Lawall (Karten für „Unsere Favoriten")
DuMont Bildarchiv: Marco-Polo-Straße 1, 73760 Ostfildern, Tel. 0711/4502-266, Fax 0711/4502-1006, bildarchiv@mairdumont.com

Anzeigenvermarktung: MAIRDUMONT MEDIA, Tel. 0711/4502-333, Fax 0711/4502-1012, media@mairdumont.com, http://media.mairdumont.com
Vertrieb Zeitschriftenhandel: PARTNER Medienservices GmbH, Postfach 810420, 70521 Stuttgart, Tel. 0711/7252-212, Fax 0711/7252-320
Vertrieb Abonnement: Leserservice DuMont Bildatlas, Zenit Pressevertrieb GmbH, Postfach 810640, 70523 Stuttgart, Tel. 0711/7252-265, Fax 0711/7252-333, dumontreise@zenit-presse.de
Vertrieb Buchhandel und Einzelhefte: MAIRDUMONT GmbH & Co KG, Marco-Polo-Straße 1, 73760 Ostfildern, Tel. 0711/4502-0, Fax 0711/4502-340
Reproduktionen: PPP Pre Print Partner GmbH & Co. KG, Köln
Druck und buchbinderische Verarbeitung: NEEF + STUMME premium printing GmbH & Co. KG, Wittingen, Printed in Germany

FSC
www.fsc.org
MIX
Papier aus verantwortungsvollen Quellen
FSC® C001857

Dresden Sächsische Schweiz

Kaleidoskop der Künste
Es sind vor allem die Museen mit ihren Kunstschätzen, die begeistern, wir stellen die interessantesten vor.

Dolce Vita an der Elbe
Zum Einkaufen, Speisen und sich Amüsieren geht's in die Neustadt.

Wein mit Tradition
Mittlerweile kommen edle fruchtige Tropfen aus Sachsen.

Korsika

Strand und Berge
Wir präsentieren Ihnen die Traumstrände der Insel ebenso wie die schönsten Wanderwege.

Asterix auf Korsika ...
... persifliert das Leben der Bewohner – oder sind alles nur Klischees?

Echt korsisch
Wo Sie ausgefallene Produkte und originelle Geschäfte finden, wir verraten es.

www.dumontreise.de

Lieferbare Ausgaben

DEUTSCHLAND
119 Allgäu
092 Altmühltal
105 Bayerischer Wald
120 Berlin
162 Bodensee
121 Brandenburg
175 Chiemgau, Berchtesg. Land
013 Dresden, Sächs. Schweiz
152 Eifel, Aachen
157 Elbe und Weser, Bremen
125 Erzgebirge, Vogtland
168 Franken
020 Frankfurt, Rhein-Main
059 Fränkische Schweiz
112 Freiburg, Basel, Colmar
028 Hamburg
026 Hannover zw. Harz u. Heide
042 Harz
062 Hunsrück, Naheland, Rheinhessen
023 Leipzig, Halle, Magdeburg
131 Lüneburger Heide, Wendland
133 Mecklenburgische Seen
038 Mecklenburg-Vorpommern
033 Mosel
114 München
047 Münsterland
015 Nordseeküste Schleswig-Holstein
006 Oberbayern
161 Odenwald, Heidelberg
035 Osnabrücker Land, Emsland
002 Ostfriesland, Oldenb. Land
164 Ostseeküste Mecklenburg-Vorpommern
154 Ostseeküste Schleswig-Holstein
136 Pfalz
040 Rhein zw. Köln und Mainz
079 Rhön
116 Rügen, Usedom, Hiddensee
137 Ruhrgebiet
149 Saarland
080 Sachsen
081 Sachsen-Anhalt
117 Sauerland, Siegerland
159 Schwarzwald Norden
045 Schwarzwald Süden
018 Spreewald, Lausitz
008 Stuttgart, Schwäbische Alb
141 Sylt, Amrum, Föhr
142 Teutoburger Wald
170 Thüringen
037 Weserbergland
173 Wiesbaden, Rheingau

BENELUX
156 Amsterdam
011 Flandern, Brüssel
070 Niederlande

FRANKREICH
055 Bretagne
021 Côte d'Azur
032 Elsass
009 Frankreich Süden Languedoc-Roussillon
019 Korsika
071 Normandie
001 Paris
115 Provence

GROSSBRITANNIEN/IRLAND
063 Irland
130 London
138 Schottland
030 Südengland

ITALIEN/MALTA/KROATIEN
017 Gardasee, Trentino
110 Golf von Neapel, Kampanien
163 Istrien, Kvarner Bucht
128 Italien, Norden
005 Kroatische Adriaküste
167 Malta
155 Oberitalienische Seen
158 Piemont, Turin
014 Rom
165 Sardinien
003 Sizilien
140 Südtirol
039 Toskana
091 Venedig, Venetien

GRIECHENLAND/ ZYPERN/TÜRKEI
034 Istanbul
016 Kreta
176 Türkische Südküste, Antalya
148 Zypern

MITTEL- UND OSTEUROPA
104 Baltikum
122 Bulgarien
094 Danzig, Ostsee, Masuren
169 Krakau, Breslau, Polen Süden
044 Prag
085 St. Petersburg
145 Tschechien
146 Ungarn

ÖSTERREICH/SCHWEIZ
129 Kärnten
004 Salzburger Land
139 Schweiz
144 Tirol
147 Wien

SPANIEN/PORTUGAL
043 Algarve
093 Andalusien
150 Barcelona
108 Costa Brava
025 Gran Canaria, Fuerteventura, Lanzarote
172 Kanarische Inseln
124 Madeira
174 Mallorca
007 Spanien Norden, Jakobsweg
118 Teneriffa, La Palma, La Gomera , El Hierro

SKANDINAVIEN/NORDEUROPA
166 Dänemark
153 Hurtigruten
029 Island
099 Norwegen Norden
072 Norwegen Süden
151 Schweden Süden, Stockholm

LÄNDERÜBERGREIFENDE BÄNDE
123 Donau – Von der Quelle bis zur Mündung
112 Freiburg, Basel, Colmar

AUSSEREUROPÄISCHE ZIELE
010 Ägypten
053 Australien Osten, Sydney
109 Australien Süden, Westen
107 China
024 Dubai, Abu Dhabi, VAE
160 Florida
036 Indien
027 Israel
111 Kalifornien
031 Kanada Osten
064 Kanada Westen
171 Kuba
022 Namibia
068 Neuseeland
041 New York
048 Südafrika
012 Thailand
046 Vietnam